Objets d'Art

Japonais

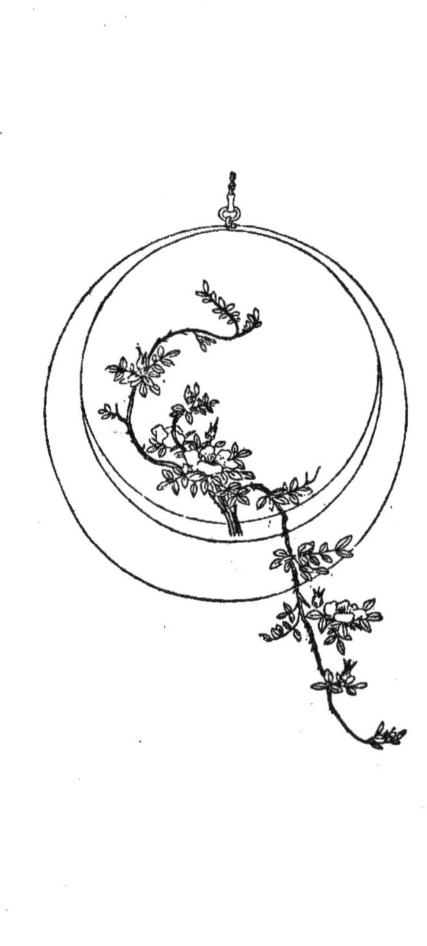

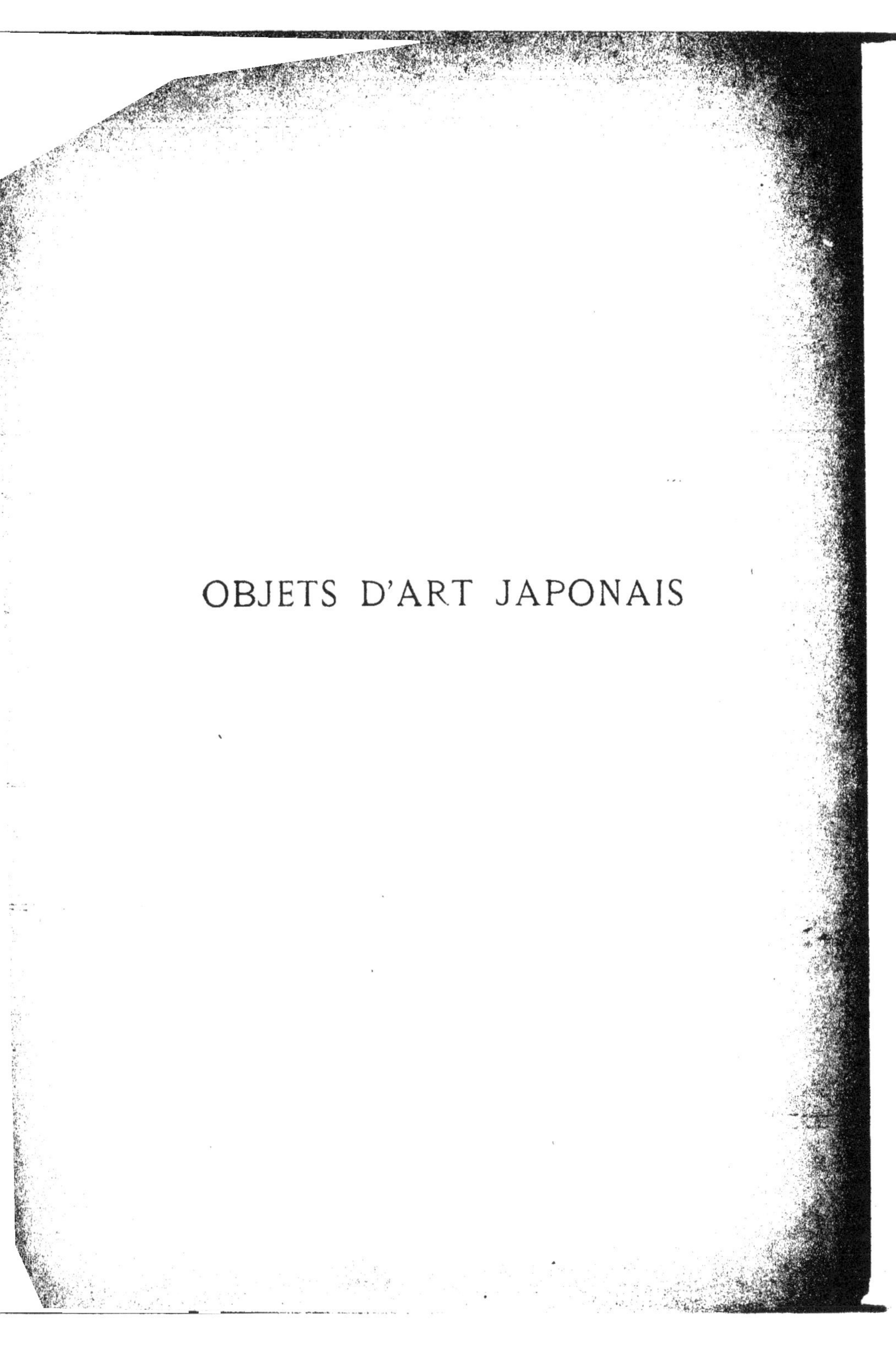

OBJETS D'ART JAPONAIS

OBJETS
d'Art Japonais

PROVENANT

De la Collection d'un amateur parisien

QUI SERONT VENDUS A PARIS

A L'HOTEL DES COMMISSAIRES-PRISEURS

9, RUE DROUOT, SALLE N° 7

Du Lundi 17 au Jeudi 20 Décembre 1394, à deux heures précises

PAR LE MINISTÈRE

De M° **Maurice DELESTRE**, Commissaire-Priseur. 27, rue Drouot

AVEC L'ASSISTANCE

De **M. S. BING**, rue de Provence, 22

EXPOSITIONS

PARTICULIÈRE	PUBLIQUE
Chez S. BING, 22, rue de Provence	**A l'Hôtel des Commissaires-Priseurs**
Les	*Le*
JEUDI 13 ET VENDREDI 14 DÉCEMBRE	DIMANCHE 16 DÉCEMBRE
de 2 heures à 5 heures	

CONDITIONS DE LA VENTE

Elle sera faite au comptant.

Les adjudicataires payeront cinq pour cent en sus des enchères, applicables aux frais.

Le titre des métaux précieux n'est pas garanti.

L'exposition permettant aux amateurs de se rendre compte de l'état des objets, il ne sera admis aucune réclamation pour avaries ou tout autre motif.

PARIS — IMPRIMERIE E. MÉNARD ET Cie, 8, RUE MILTON

PRÉFACE

Avant toutes choses, je dois prévenir le public qui viendra à cette vente en curieux ou en acheteur, qu'il va être en présence d'une double série d'objets.

Les uns relèvent de l'ameublement, les autres de la collection.

La collection proprement dite — l'objet fait sien pour les souvenirs qu'il évoque, pour la notion d'art, de vie, de sentiment qu'il apporte — s'est étendue ici, ainsi qu'on peut le voir en parcourant le catalogue, à la peinture, à la sculpture, à l'estampe, aux livres, aux bronzes, aux netzkés, à la poterie, aux laques.

Je ne puis, comme on pense, passer en revue chacune de ces séries.

Quand j'aurai signalé parmi ces peintures — dont beaucoup peut-être ont été le paiement laissé sur les fusuma (1) d'un hôtel, par des peintres en excursion — quelques-uns de ces poétiques paysages aux lointains pleins de rêveries de Watanabé Riokei ; les personnages de Tsounénobou ; les plantes et animaux de Yasounobou, la suite des Faucons, les paysages de Bountcho ; parmi les masques une série de ces merveilleuses sculptures où l'artiste, en quelques coups de gouge d'une maîtrise et d'une sûreté extraordinaires, a mis une humanité de souffrances tragiques hurlant la douleur ou la laissant deviner intense sous un calme impassible. Quand j'aurai attiré l'attention sur des estampes de Harunobou, de Kiyonaga, d'Outamaro, de Hokusaï sur le livre de Kôrin ; — sur des bronzes tels que la grande pagode (n° 1), les jardinières (n°s 2 et 3), le brûle-parfums (n° 20), le Tooun (n° 25), le vase (n° 44) ; — sur l'oiseau de proie, en Bizen (n° 113) ; — sur des poteries signées Ninseï (n° 343), Kenzan (n°s 164, 203, 217), Kinkozan, Rokoubeï, Mokoubeï, Yérakou, n°s 320, 327, 344 ; ou appartenant à des provenances remarquables comme le bol (n° 235) (Ofouké), la superbe potiche (n° 148), la coupe (n° 220) au décor puissant ; — sur des statuettes de Koëmon (n°s 175, 511) ; — des

1. Panneaux mobiles qui séparent les chambres entre elles.

sculptures comme le bouddha assis (n° 349), des netzkés aux noms de Shiouzan, Minko, Déméouman, Déméjoman, Tomotoda, Masanao, etc.

Quand j'aurai tiré hors de pair : l'écritoire de Korin (n° 438), les Kogos (boîtes à parfums) provenant de la collection Burty (n°⁵ 443-444), deux ou trois de ces laques légers, délicats, délicieusement décorés et qui semblent uniquement faits pour être offerts à quelque jeune et jolie femme d'une distinction raffinée que l'on voudrait complimenter sur son goût, j'aurai commencé à rendre fastidieuse une énumération qu'il faudrait beaucoup plus longue pour ne rien oublier des œuvres dignes d'une attention toute particulière.

D'ailleurs à quoi bon : M. Bing ayant bien voulu se charger de diriger cette vente comme expert, saura mieux que moi dire au public la valeur des choses au fur et à mesure qu'elles passeront entre ses mains.

Je voudrais essayer de mieux faire et de fournir ici quelques renseignements utiles qu'il sera impossible à M. Bing de donner devant le marteau du commissaire-priseur.

Je voudrais m'appesantir quelque peu sur un genre de poterie spécial, dont il n'est peut-être pas inutile de rappeler tout l'intérêt. Je veux parler de cette céramique des cérémonies de thé représentée ici par des bols, des vases à eau, et de nombreux pots à thé. On sait ce que sont ces cérémonies au Japon, (et j'emprunte cette citation à l'expert lui-même).

« Le thé est offert à tout venant en signe de bienvenue et comme rafraî-
« chissement, à toutes les heures du jour; mais sa consommation fait en
« outre l'objet dans les grandes occasions d'un cérémonial dont la solennité
« est extrême. Tout y est ordonné d'après des lois absolument fixées : la
« décoration de l'appartement, la façon dont le maître de la maison doit
« accueillir ses hôtes et leur adresser la parole; l'ordre observé pour disposer
« chacun des ustensiles, la manière de les prendre en mains et de les faire
« fonctionner, mille autres menus détails enfin qu'il serait infiniment long
« d'énumérer. Toute chose est convenue, réglée, et rien n'est abandonné au
« hasard. » [1]

Si les pots à thé étaient déjà en usage lorsque Shouko formula le premier code qui régit les cérémonies de thé, au xv° siècle, c'est cependant à celles-ci, à la grande vogue dont elles jouirent et qui atteignit son apogée au xvi° siècle, qu'ils durent d'être consacrés et de passer à jamais à la postérité.

Ils sont les premières œuvres de quelque importance, au point de vue céramique, qui aient été confectionnées sur le sol natal des Japonais. Les spécimens les plus anciens remontent au xiii° siècle et ont valu à leur auteur Toshiro le surnom de *Père de la Poterie*.

« Les successeurs de Toshiro, nous dit encore M. Bing, se sont efforcés

1. La *Céramique Japonaise*, par S. Bing, dans l'*Art Japonais*, de Louis Gosse, T. II, p. 259.

« de conserver les errements du maître en n'introduisant dans leurs œuvres
« que des variations peu appréciables, tous ont fourni un contingent nom-
« breux aux collections de ces petites pièces que l'amateur Japonais entoure
« de soins tellement minutieux qu'on ne peut, parfois, s'empêcher de sourire
« en voyant le plus modeste spécimen précieusement enfermé dans une
« boîte coquette, après avoir été douillettement serré dans les plis de quelque
« enveloppe soyeuse.

« C'est que la passion de la collection, que les esprits positifs se croient en
« droit de reprocher à notre époque, est bien autrement développée, raffinée,
« quintessenciée chez les vieux Japonais. Qu'il s'agisse de fixer un point
« litigieux à propos du Ko-Séto (vieux Séto), on s'adonnera entre amateurs
« Japonais à des dissertations sans fin, et il se produira des efforts d'analyse
« poussés à l'extrême. Vous les verrez interroger les plus imperceptibles
« grains de la pâte; l'épaisseur de l'émail à son importance, et le poids de la
« pièce est calculé au plus près.

« Aussi les classements se divisent-ils à l'infini, établissant des catégories
« nombreuses dont chacune prétend à un nom distinctif. Ce serait vouloir
« fatiguer le lecteur que de lui faire une nomenclature aride de toutes ces
« dénominations, dont quelques-unes ne manquent pas de pittoresque. Le
« plus souvent, on a laissé à l'heureux détenteur d'une pièce inédite le soin
« d'en baptiser le genre.

Tantôt c'est le lieu de la découverte qui fournit le nom cherché : d'autres
« fois, on adopte un terme galant tiré de quelque vers célèbre ou bien encore
« on fait appel à une comparaison poétique inspirée par la forme ou la couleur
« de l'objet. Telle espèce est appelée Yamamishi, sentier de montagnes, à
« cause des petites lignes sinueuses gravées dans la pâte, tandis qu'un pas-
« sionné amateur a trouvé le nom ingénu de Oyasate, tiré de Oyoso « peut-
« être » (1), il s'était dit que les vases dont il avait découvert les types précieux
« étaient *peut-être* les plus beaux qu'il y eût au monde (2).

Des livres ont été publiés à l'instigation des maîtres des cérémonies de thé.

J'ai précisément en mains les traductions d'un chapitre de l'un de ces
livres le *Manpo Zensho* (3) 1694-1718 et de quelques pages du *Tchaka
soui ko shiou* (1852) (4). Elles viennent très à propos confirmer et compléter
les indications fournies par M. Bing.

1. Une autre version raconte que le nom de Oyoso (traduit alors *en général*) donné à
un pot à thé vient de ce que son propriétaire en vantait toujours la qualité en disant : *En
général* les pots à thé ne sont pas meilleurs que le mien.

2. L'*Art Japonais*, T. II, p. 258.

3. Cette traduction du Manpo Zensho et d'autres notes m'ont été données en souvenir
de l'amitié de Burty. D'ailleurs Burty a signalé lui-même l'intérêt du Manpo dans le *Japon
artistique*, t. III, livraison XVII, page 73. La Bibliothèque du Musée Guimet possede cet
ouvrage.

4. *Guide des amateurs de la cérémonie du thé* (5 vol. 1852). Bibliothèque du Musée
Guimet, 1901. 15. X. 9. VII.

Le Manpo Zensho décrit 191 pots à thé : 144 représentant les types connus au moment de sa publication, 47 copiés de visu, et appartenant à des grands hommes et à des princes. Le Tchaka-soui-ko shiou en reproduit une douzaine.

La plupart de ces pots à thé ont les honneurs d'une courte notice expliquant l'origine de leur nom, nous faisant connaître l'amateur qui les détient, la matière dont ils sont formés, l'aspect de leur couverte, leur valeur estimative, enfin leurs dimensions et la forme particulière de leur empreinte laissée le plus souvent par le fil avec lequel on les a détachés du tour.

Quelques-uns ont plusieurs couvercles en ivoire dont l'auteur est nommé; plusieurs sacs d'une étoffe rare doublée de soie, et l'on donne la couleur de l'étoffe et de la doublure.

Chemin faisant, si aride que paraisse au début la lecture de ces catalogues nous pouvons en tirer des renseignements précieux qui nous permettent de nous rendre compte et de l'importance de ces petites pièces et des préoccupations — tour à tour, ou simultanément — artistiques et archéologiques de l'amateur Japonais.

Les possesseurs, ce sont Nobounaga le chef du pouvoir de 1533 à 1582 ; le général Hissahidé que des estampes nous montrent quelques heures avant de s'ouvrir le ventre, brisant un objet rare qu'il ne voulait pas laisser tomber aux mains de Nobounaga; Yodo, la maîtresse de Taïko (1), le prince Matsoudaïra, le prince de Sakaï, de fameux Tchajins comme Kobori Masakadzou (2), un Shogoun, sans doute Tsounayoshi (1681-1708).

Les prix sont : une, trois, cinq, dix, vingt, cent, cent-cinquante, deux cents feuilles d'or. — une feuille d'or, d'après le Japonais qui a renseigné Burty, pouvant valoir 30 francs. Un pot à thé est même estimé 500 de ces feuilles d'or un autre 1000 !

Les autres objets utilisés par les cérémonies de thé jouissaient, d'ailleurs, des mêmes faveurs.

Ces sommes fabuleuses me trouveraient peut-être incrédule si les voyageurs et les missionnaires ne nous fournissaient des renseignements très-concordants à ce sujet.

Burty cite ce passage de la *relation des ambassadeurs japonais à Rome depuis leur départ de Lisbonne racontée par Gualterie (Venise en 1586).*

. . . .

« Or comme cette boisson (le thé) dit Gualteri est très précieuse de même
« tous les instruments qu'il faut avoir pour la faire et principalement le vase
« où l'herbe est conservée après avoir été moulue et une espèce de pot ou de

1. Chef du pouvoir de 1582 à 1598.
2. Maître de cérémonie de thé au commencement du xvii⁰ siècle.

« marmite en fer où on la fait bouillir avec son trépied et aussi le bol en
« terre pour la boire ; tout cela si c'est moderne et neuf ne vaut rien de plus
« que ce que cela vaudrait chez nous, mais toute sa valeur dépend de ce que
« cela a été fait par quelque ouvrier ancien : et pour connaître cela ils ont
« très bon œil, et ils sont fins priseurs tout autant que nos orfèvres pour
« désigner les vraies pierres précieuses ou fausses si les pièces sont anciennes
« elles atteignent une *valeur incroyable* on obtiendra pour chacune quatre,
« cinq *mille ducats d'or et davantage* ; et il n'y a pas longtemps que le roi
« de Boungo (province Japonaise) paya quatre mille ducats pour un de ces
« vases qui était *bien petit* et un autre noble chrétien de la ville de Sakaï a
« payé pour un de ces trépieds qui était réparé en deux ou trois endroits,
« *quatre cents ducats....* ».

Ailleurs, Burty relève un autre passage, dans les *Ambassades mémorables*,
(Amsterdam 1680), où les hollandais constatent que « les princes japonais
ont la même folie pour les pots à tsia (thé) et pour les kakémonos que pour
les espées et les poignards.... » et il rapporte ces paroles d'un Mikado mourant
qui, en 1631, entr'autres legs, donna à l'un de ses héritiers un petit vaisseau
pour préparer le thé appelé *Mara-issiba* : « J'ai toujours eu en grande estime
ces choses, aussi bien que mes ancestres, et vous devez en faire cas pour ceste
raison (1) ».

D'un autre côté, Charlevoix nous apprend dans le récit d'une cérémonie
de thé offerte au père Almeïda par le prince japonais « Don Sanché » que
celui-ci présenta une marmite qu'il dit avoir payée 600 écus et qu'il pensait
avoir eue pour rien, et un trépied — destiné à recevoir le couvercle de la
marmite — qu'il prétendait n'avoir pas de prix ni son pareil. Il l'avait payé
1000 écus d'or et ne l'aurait pas donné pour beaucoup plus (2).

D'ailleurs ce qui ne contribua pas peu à donner de la valeur à tous ces
objets, c'est l'usage qu'en firent les chefs du pouvoir pour récompenser leurs
alliés ou fidèles serviteurs.

Quelques-unes des particularités décrites dans le *Manpo-Zensho* et le
Tchaka-Soui-Ko-Siou relatives aux couvertes et à la matière des pots à thé
sont intéressantes à signaler.

1. *Japon artistique*, T. III. livraison xvi, page 60. *La Poterie au Japon* Ph. Burty ; et
livraison x. « *Les sabres* ». pages 124 et 125. Les *Ambassades des Hollandais vers l'empereur
du Japon* T. I" p. 9 donnent : .... « Ils (les Japonais) ont même des maîtres jurés pour ces
pots, et qui jugent de leur valeur selon leur antiquité ou leur ouvrage comme aussi selon
l'adresse et la réputation de l'ouvrier ; ce qui les fait souvent monter à un *fort haut prix*,
de sorte que le roi de Sungo acheta un de ces pots *14.000* ducats ; et à Sakaï un japonais
chrétien paya pour un autre, qui était de trois pièces, près de *3000* écus ». Bibliothèque
du Musée Guimet. 4532. R. 2. VII.

2. *Histoire et description générale du Japon*, par le Père de Charlevoix, M DCC XXXVI.
(Bibliothèque du Musée Guimet, 5231-39. R. 2. VII.

Si l'on employait parfois des terres tamisées on ne dédaignait cependant pas celles mélangées de petites pierres que l'on verra parfois trouer la couche d'émail.

Le plus généralement les pots à thé avaient une double couche de couverte. La seconde formait à la surface de la première, soit des taches éparses et inégales, soit des amoncellements ressemblant à des nuages, soit des coulures plus ou moins épaisses et longues. Elle s'arrêtait comme une frange de gouttes au bord d'un larmier, se répandait en filaments châtains ou bruns, ou jaunes que d'autres filaments blancs recouvraient, simulant des branches d'une plante sarmenteuse courbée sous la neige (1).

Elle prenait encore l'aspect d'une matière mangée par les vers et l'on voyait même à sa surface la trace des insectes.

La couleur de ces couvertes est, si je dois m'en rapporter exactement à ma traduction, châtain, couleur de métal oxydé, noir plus ou moins foncé, brune, jaunâtre, jaune clair, rouge, mêlée de noir, argentée, aventurinée, parfois brillante d'une belle nuance, parfois « fanée » et mate.

Quant aux formes elles sont variées à l'infini.

Tantôt simples, telles qu'on en verra bon nombre parmi les pots à thé de cette collection : forme *Kaki*, n° 281 *b*, forme de gourde (*Hiotan*), forme du panier à mettre la nourriture des faucons (*Ébouko*), n° 305 *a*, forme d'essieu de char (*Shajikou*), n° 289 *b*, ronde (*Marou-Tsoubo*), — munie d'anse (*Mimitsuki*), n° 302 *d*, au col élevé rappelant aux Japonais le cou de la grue (*Tsouroukoubi*), n° 296 *d* ; tantôt d'une irrégularité fantasque : il en est ici un exemple, n° 298, mais j'en ai sous les yeux de plus caractéristiques où la panse est toute mamelonnée, plus enflée d'un côté que de l'autre, et où l'ouverture baille bizarrement vers le sol.

Autres particularités à retenir :

Rikiou (2) aimait que la poterie fut hachurée de coups de spatule (n°s 303 *b*, 293 *b*, 297 *a*).

Des pots à thé se payaient 50, 150, 200 feuilles d'or bien qu'ils eussent été autrefois rejetés et enfouis dans la terre par les potiers de Séto qui les avaient trouvés défectueux au sortir du four. Seulement, leur couverte était devenue charmante par l'action du temps : « Plus claire elle offrait une apparence admirablement distribuée aux yeux des amateurs. »

Un autre Tsha iré (pot à thé) dénommé « par Kobori Masakadzou », et appartenant au prince Matsoudaïra, était enduit d'une couverte mélangée de petites pierres (Saraméki) qui le rendait âpre au toucher ; il avait des fentes, mais ces dernières ne lui enlevaient rien de sa valeur !

A ceux que ces choses et d'autres du même genre pourraient étonner, je dois apprendre qu'au moment de la pleine vogue des cérémonies de thé, la

1. Une bouteille de cette vente présente ce décor, n° 257.
2. Célèbre maître de cérémonies de thé (1518-1591). Favori de Nobounaga, puis de Taïko.

mode de l'objet curieux et *rustique*, conduisit les classes dirigeantes à la recherche amusée d'une poterie très spéciale dont les qualités sont le plus souvent au rebours de celles que nous demandons à nos produits. C'est là ce qui leur expliquera toutes les pièces un peu rudes, mais non sans charme, qu'ils verront défiler sous leurs yeux pendant les enchères et qui sont l'âme de toute collection de céramique japonaise.

Ces observations à propos de pots à thé s'étendent aux vases à eau (midzousashis) et aux bols.

Le *Manpo Zensho*, le *Tchaka-soui-ko-shiou* et d'autres ouvrages donnent de ces derniers des nomenclatures intéressantes qui passent en revue la plupart des variétés des poteries japonaises. Celles décrites au catalogue comme les *Rakous* (bols, nᵒˢ 306 à 316); — comme les *Mishima* à décors incrustés, prenant l'aspect du calendrier (Koyomé) nᵒ 332, représentant des fleurs (Hana) nᵒ 149, ou des grues parmi les nuages (Ounkakou, nᵒ 152; — comme les *Hakémé*, (nᵒ 241) sur lesquels des traînées plus ou moins larges d'engobe blanc ont été distribuées inégalement à l'aide du Haké pinceau); — les *Sounkorokou*, dans lesquels M. Morse, (une compétence en céramique japonaise) classe la superbe et rare potiche, nᵒ 148; — les *Temmokous* (nᵒˢ 318, 322) dont certains types se payaient déjà 20 à 25 feuilles d'or à la fin du xviiᵉ siècle; — mériteraient, à la lueur des documents que j'ai là, une étude particulière. De même, il serait peut-être bon de rappeler qui sont les artistes dont les noms ont été reproduits, — mais cette préface est déjà longue et je dois en finir.

Nous aurions d'ailleurs voulu, M. Bing et moi distribuer miette à miette, la substance des livres que j'ai cités chaque fois que le catalogue en a fourni l'occasion, il s'en serait dégagé, peut-être sans trop d'ennui pour l'amateur l'esprit tout japonais de cette collection!

Pour cela il nous eut fallu un temps et une place dont nous ne disposions pas.

Il ne me reste donc plus qu'à souhaiter, que les notes jetées un peu au hasard dans cette préface ne soient pas tout à fait inutiles, et qu'il soit possible à chacun de reconnaître au passage, quelques-unes des particularités signalées ici.

Ce que je puis dire en tous cas, et en toute sincérité, c'est que je crois à l'importance croissante que prendra pour nous toute la poterie née des cérémonies de thé, au fur et à mesure qu'en dépouillant leurs annales nous pénétrerons de plus en plus dans les détails de la civilisation japonaise.

Pots à thé, bols, vases à eau, sont les témoins parlants d'époques passionnées où le dilettantisme s'étendait à toutes choses. Ils évoquent le souvenir de cérémonies qui réunissaient les chefs du pouvoir, la Cour, l'élite de la Société japonaise et dont peu à peu nous apprendrons à comprendre le charme.

M. de Goncourt nous montrait un jour l'intérêt qui peut tout à coup surgir d'un modeste encrier de poche(1). Cet intérêt m'apparaît à moi, à chaque pas que je fais dans le domaine de la céramique japonaise. Nous en avons ici même un exemple.

C'est un vase à eau d'aspect sombre et rustique ; il est vert foncé avec des taches noirâtres, (n° 205 *bis*). Sa décoration consiste en deux zones d'inscriptions gravées.

La première tournant autour de l'épaulement, signifie : « *Pot déposé dans la maisonnette de Muoki-an* ».

La seconde en plein milieu et autour de la panse : « La salle remplie d'or et de Jade. » Ce vase est signé : Tenka Itchi Rakou Tchojiro :
Rakou Tchojiro, le premier artiste du monde.

Rakou Tchojiro appartient à une dynastie de potiers qui doit à Taïko, le chef du pouvoir à la fin du xvi° siècle le cachet au mot *Rakou* dont elle marqua désormais ses produits et c'est également de Taïko que Tchojiro reçut le titre de Tenka-itchi.

Le hasard a voulu qu'en feuilletant le Myako rinsen Meisho-Dzou-É (1799) (2), je trouve justement représenté un pavillon destiné aux cérémonies de thé désigné sous ce nom de Muoki-an qui avait été jusqu'ici en grande partie mystérieux pour moi. Je priai donc M. Maroumo de me traduire le texte qui accompagnait la gravure et voici ce que j'appris.

Le Yomazaki Muokian se trouve au nord du temple de Rikiou-Hatchiman de Oyomasaki (secte Zensiou) il appartient au monastère de Rakou-tô.

Le patron du Temple est Djou-itchi-men-Kouannon. (3) Les gakou (tableaux votifs) du bâtiment sacré sont de Keiho Nonsô qui fut prêtre de Muokian.

Les peintures de personnages et de paysages des *fusuma* (panneaux mobiles qui séparent les chambres entre elles) de la salle de réception sont de Yei-tokou ; celles de style chinois du Tokonoma, celles des portes représentant un sapin avec des grues et des rochers sous la neige avec des oiseaux sont également de Yei-tokou (4).

---

1. *Le Japon artistique*, t. I, livraison vi, page 63. « Une Écritoire de Poche », par Edmond de Goncourt.

2. *Description des jardins célèbres de Myako*, par Akisato Rito, illustré par Sakuma, Nishimoura et Okou (Osaka, 1799) (au Musée Guimet, 19616-621).

3. Kouamon (dieu de la charité) à onze faces.

4. Peintre du xvi° siècle.

La salle des cérémonies de thé se trouve à côté du bâtiment sacré elle a été construite par Sen-no-Rikiou (1).

Lorsque Rikiou se retira en cet endroit, Hidéyoshi (Taï-Ko) vint le voir et entra dans la salle du thé en frôlant de ses manches le sapin qui se trouve auprès de la porte. Le lave-mains est dans ce jardin à l'Est du pavillon. Il porte le nom de Shiba Yama et a la forme appelée Tsoukoubaï (2). Cette sukiya (salle de thé) est célèbre comme modèle du genre.

Quand Hidéyoshi vint à Muokan, il fit cadeau (à Rikiou sans doute) d'un domaine qui devait rapporter 5o Kokous de riz.

E. DESHAYES.

Conservateur-Adjoint du Musée Guimet.

1. Célèbre maître de cérémonies de Thé de la seconde moitié du xvi' siècle. Favori de Nobonnaga, puis de Taïko.

2. L'arrangement des jardins est une science. La distribution des arbres, des rochers, des accidents de terrain qui composent le paysage appartient à des styles variés, mais très définis. Les rochers, les dalles que l'on dispose dans les chemins, les lave-mains etc., prennent différents noms selon leur forme ou les souvenirs qu'ils rappellent.

BRONZES

----

1 — PAGODE formée d'un corps carré, à quatre panneaux découpés et ajourés en arabesques, avec une porte à deux battants sur un des côtés. Ce corps repose sur une terrasse en forme de fleur de lotus stylisée, portée elle-même par une partie carrée ornée sur trois faces de chimères en haut relief et, sur la quatrième face, d'un dragon en haut relief.

Au-dessus du corps ajouré règne, en surplomb, un balcon carré aux angles duquel sont quatre statuettes de gardiens de temple, adossées à un deuxième corps à panneaux pleins et ornés de dragons en haut relief, l'un d'eux forme porte à deux battants. Au-dessus de ce corps, une corniche ornée de divinités en relief supporte le toit, qui est surmonté d'un pylone couronné par la perle sacrée entourée de flammes. Du sommet de ce pylone, descendent des chaînettes qui portent chacune trois clochettes. Quatre clochettes plus grosses sont suspendues aux angles du toit.

Un socle de bois orné de panneaux sculptés supporte cet édicule.

Hauteur du bronze : 2″14. Hauteur totale : 3″.

Cette pièce est le spécimen le plus ancien et le plus artistique de ces sortes de pagodes qui nous soit venu jusqu'à ce jour.

2 — GRANDE JARDINIÈRE basse et carrée portant un décor gravé de nuages et garnie de deux anses en torsades fortement surélevées. Sur deux de ses faces se détachent en puissant relief des inscriptions archaïques, tandis que les deux autres faces portent les traces d'autres inscriptions qui furent enlevées pour faire disparaître le nom du temple d'où provient ce bel et important objet.

3 — JARDINIÈRE en forme de balustre trapu. Belle patine marbrée de rouge.

4 — CHIMÈRE posée debout sur ses quatre pattes.

5 — POISSON formant un porte-bouquet d'applique. Très ancien spécimen de bronze.

6 — VASE en forme de balustre carré avec pied et col largement évasés.

7 — PETIT PERSONNAGE pilant du grain.

8 — CRAPAUD tenant dans sa gueule une feuille de lotus qui forme coupe.

9 — BRULE-PARFUMS en forme de pagode. Travail très ancien et très nerveux.

10 — DEUX PIÈCES : Petite cloche, petit réchaud en forme de cloche surmontée d'un dragon.

11 — CRAPAUD d'allure très vivante.

12 — DEUX VASES : l'un formé d'une feuille de lotus. L'autre, en forme de cylindre sur lequel s'étendent des feuilles et des fruits de courges.

13 — DEUX PIÈCES : Petit écran orné en relief sur une face du dieu des lettrés, sur l'autre d'une inscription. — Presse-papiers formé de deux renards sur une branche de pin.

14 — PRESSE-PAPIERS : Dragon au pied d'un tronc.

15 — DEUX PETITS VASES de formes différentes.

16 — BOUTEILLE à long col.

17 — DEUX PIÈCES : Petit brûle-parfums tripode. — Petit vase de temple incrusté d'argent.

18 — QUATRE PETITS VASES de formes variées.

18 *bis* — TROIS PETITS BRULE-PARFUMS de formes variées.

19 — DEUX PETITES JARDINIÈRES.

20 — GRAND BRULE-PARFUMS rectangulaire à anses, couvercle surmonté d'une chimère, socle bois sculpté.

21 — BRULE-PARFUMS sphérique, monté sur trois pieds en forme de têtes d'éléphants; couvercle chimère. Belle patine rouge.

22 — PETITE JARDINIÈRE ovale quadrilobée. Bronze chinois.

23 — CINQ VASES de formes variées.

24 — DEUX PETITS VASES à eau.

25 — JARDINIÈRE RONDE et plate imitant une vannerie. A l'intérieur, la signature authentique de Toоun.

26 — COUPE A SACRIFICE montée sur quatre pieds. Bronze chinois.

27-28-29 — TROIS PORTE-BOUQUETS imitant le bambou tressé.
Le n° 28 porte le cachet : Shiguen.

3o — MIDZUSASHI hexagonal couvert, garni d'anses et d'un bouton
formés d'un tronçon de bambou.

3i — VASE ovale, portant en léger relief trois larges bordures de
lacis ; socle bois.

32 — VASE balustre, à orifice évasé, deux anses anneaux.
Signé : ITSHIGONOJO.

33 — VASE balustre, à large base, deux mascarons, têtes de chimères.

?4 — THÉIÈRE cylindrique, à pied, avec un couvercle à charnières.

35 — CRAPAUD fasciné par un serpent.

36 — CHIEN SAUVAGE hurlant. Patine claire.

37 — QUATRE PIÈCES : Champignon ; cachet ; petit socle ; presse-
papiers.

38 — HÉRON posé sur une feuille de lotus.

39 — COQ, POULE et deux poussins.

40 — DEUX BRULE-PARFUMS : l'un, formé d'une oie, l'autre d'une
caille.

41 — TROIS GRUES sur terrasse.

42 — FLAMBEAU formé d'une !grue montée, avec une autre petite
grue, sur une tortue.

43 — GROS VASE balustre décoré de motifs en bas-relief et de
palmes autour du col ; deux anses d'anneaux mobiles.
Chine.

44 — GRAND VASE carré imitant la vannerie, la panse à quatre
angles relevés en toit de pagode, l'orifice carré et évasé.
Pièce importante.

45 — TROIS PRESSE-PAPIERS : Dragon. — Cigale sur une pomme
    de pin. — Câble enroulé avec une ancre.

46 — PETITE CHIMÈRE accroupie, se grattant. Patine noire ver-
    dâtre.

47 — COQ dans une attitude de combat.

48 — PETITE JARDINIÈRE rectangulaire et basse, ornée d'un dra-
    gon en relief et montée sur quatre pieds recourbés. Cachet
    illisible.

49 — DEUX PETITES JARDINIÈRES : l'une, sphérique à deux
    anses, montée sur socle circulaire en bronze. L'autre, rec-
    tangulaire.

5o — TROIS PETITS VASES A EAU dont l'un porte des traces
    d'ancien émail cloisonné.

51 — QUATRE PETITS VASES de formes variées.

51 *bis* — PETIT BRULE-PARFUMS de suspension représentant
    une chauve-souris aux ailes largement déployées.

51 *ter* — CINQ PETITS PERSONNAGES divers.

52 — DEUX GRANDES JARDINIÈRES en cloisonné.
    Hauteur o″49. Diamètre o″59.

CÉRAMIQUE

—

PORCELAINE BLANCHE

53 à 56 — CINQ CHIMÈRES de types et d'allures variés, en porce-
celaine blanche de la fabrique princière de Hirado.

57-58 — PAIRE DE RENARDS assis (attributs du dieu Inari),
tenant, l'un la perle sacrée, l'autre, la clé des rivières. Un
troisième, plus petit, dans une pose analogue.
Signé : Djòsen *de Kioto Kiyomidzou.*

59 — VASE A FLEURS en forme de carpe dressée sur sa queue et
émergeant de l'écume des flots. Hirado.

60 — TIGRE ET DRAGON sur un rocher, symbolisant les forces
de la terre et du ciel. Hirado.
Objet détérioré.

61 — CARPE montée par un sennin. Hirado.

62 — LOCHE montée par un enfant. Hirado.

63 — DIVINITÉ CHINOISE debout, portant un sceptre.

64 — KOUANIN assise sur rocher, avec un singe à ses pieds. Porcelaine blanche de Kioto.

65 — DJOURODJIN assis, la main droite appuyée sur son cerf familier. Hirado.

66 — DEUX STATUETTES : Hotei assis sur sa balle de riz; les chairs sont en biscuit. — Petit personnage en porcelaine rosée.

67 — DEUX STATUETTES : Hotei debout et Daïmio accroupi.

68 — AIGLE posé sur un rocher. Les serres sont en biscuit. Hirado.

69 — LAPIN en biscuit de Kioto.

70 — CHIEN couché. Porcelaine blanche tachetée de brun.

71 — TROIS PETITES PIÈCES : Chien assis. — Rhinocéros couché. — Bouquetin couché. Hirado.

72 — DEUX MIDZOUIRÉS : Vache couchée et petit chien. Hirado.

73 — TROIS PORTE-BOUQUETS de formes diverses, dont deux en porcelaine de Chine.

PORCELAINE MONOCHROME

74 — VASE CARRÉ et PETITE JARDINIÈRE rectangulaire. Céladon.

75 — BOUTEILLE piriforme en céladon à goulot bleu empois.

75 bis — DEUX ÉCRANS. Céladon.

76 — CHIMÈRE accroupie. Céladon.

77 — DEUX PETITS VASES et UN ÉCRAN. Céladon.

78 — DEUX PETITES PIÈCES en céladon chinois sur socle bois. L'une, formée de quatre flacons accolés, de la période de *Yongtshing*. L'autre, petite coupe ovale de l'époque de *Kienlong*.

78 *bis* DEUX COUPES céladon gravé. Chine.

79 — CORNET carré à arêtes dentelées, couverte couleur poudre de thé. Chine.

80 — VASE balustre carré à orifice en forme de quatre tubulures, couverte vert chiné bleu.

81 — VASE carré bleu empois, deux mascarons têtes d'éléphants. Chine, époque de Kienlong.

82 — VASE élancé, trilobé à couverte brun manganèse.

83 — GRANDE BOUTEILLE, couverte couleur thé. Kienlong.

84 — BOUTEILLE à couverte foie de mulet. Chine.

85 — VASE balustre, couverte céladon aventuriné.

86 — DEUX PIÈCES : Petite bouteille à couverte brun foncé. — Petit brûle-parfums turquoise.

87 *a.* — TROIS PETITES PIÈCES : Bouteille chinée. — Écran bleu. — Coupe verte et violette, *signée :* Konzan.

87 *b.* — TROIS PETITES PIÈCES couleur thé ou fond brun sablé d'argent.

87 *c*. — GROS VASE balustre émaillé couleur thé à réserves de médaillons en biscuit. Chine.

87 *d*. — VASE quadrangulaire, émail brun, deux dragons sur la panse, deux anses au col.

BLANC & BLEU

88 — PAIRE DE GRANDS TUBES en porcelaine d'*Owari* décorés en bleu et rose sous couverte, de branches fleuries et d'oiseaux. Socles bois.

Hauteur o",87. Sur socle, 1",07.

89 — PAIRE DE GRANDES JARDINIÈRES à décor de paysages. Socles bois.

Diamètre o",61. Hauteur o",55. Sur socle, o",65.

90 — PAIRE DE GRANDES JARDINIÈRES à décor de chimères et de dragons au milieu des nuages. Socles bois.

Diamètre o",46. Hauteur o",41. Sur socle, o"61.

91 — PAIRE DE GRANDES JARDINIÈRES à décor de poissons dans les flots. Socles bois.

Diamètre o",46. Hauteur o",41. Sur socle, o",61.

92 — DEUX JARDINIÈRES en forme de cornet à décor, l'une de paysage, l'autre de cigognes dans les nuages. Montées chacune sur un socle de bois à quatre pieds élevés.

Hauteurs : o",27. Sur socle, o",93. — o",23. Sur socle, o",90.

93 — JARDINIÈRE en forme de fruit gaudronné avec un riche décor de courges; socle bois à quatre pieds.

Hauteur o",38. Sur socle, o",83.

94 — PLAT décoré sur fond d'aiguilles de pins, de la carte du
Japon, d'un cadran et d'une vue du Fouji.
> *Signature :* Tempo Nen Sei. (*Fait dans la période* Tempo,
> *1830-1844.*)
> Diamètre o^m,45.

95 — DEUX PIÈCES : Cachepot cintré et brûle-parfums rectangulaire. Chine.

96 — TROIS PETITS TUBES de décors différents.
> Sur l'un des tubes est une poésie sur l'empereur chinois Wouti, dé
> la dynastie des Hans.

97 — QUATRE PETITS POTS de décors différents.

98 — BOITE blanche en forme de navet garni de feuillages en
bleu.

99 — DEUX PIÈCES : Petit plateau rectangulaire décoré de poissons. — Petit écran représentant, au-dessus des flots, la
lune, devant laquelle passe une cigogne.

100 — DEUX PORTE-BOUQUETS d'applique dont l'un, rectangulaire, porte le cachet *Assahitei* ou *Kitei*.

101 — DEUX PIÈCES : Plateau rectangulaire à angles rentrés,
décoré de paysage. — Petit écran ajouré.

102 — TROIS PIÈCES : Vase balustre, à anses, portant le *mon* des
Tokougawa. — Flambeau et petit vase décorés d'armoiries.

103 — TROIS PIÈCES : Cage à grillons. — Fourneau décoré d'un
nombreux groupe d'enfants qui jouent. — Bouilloire décorée
d'un semis de plumes.
> Le fourneau est signé : Tchowaken Yosabuyé, ouvrier céramiste.
> La bouilloire est signée : Soryé.

104 — DEUX PIÈCES : Petit écran ajouré. — Porte-bouquets d'applique rectangulaire.

104 *bis* — DEUX PETITS VASES en porcelaine de Mino, en forme
de tronçons de bambou, décorés d'oiseaux ou de paysages.
Ces deux pièces sont *signées :* Seitoken Gozuké.

PORCELAINE POLYCHROME

105 — CORNET à décor de personnages, de rochers et de fleurs.
Porcelaine chinoise de l'époque des Ming.

106 — HUIT PETITES PIÉCES diverses parmi lesquelles un
tshaïré Koutani, un tshaïré signé : Gogakou, un tube étui
à serviette signé : Riozen, un cendrier kutani, cachet : Foukou, un support signé : Shuntan.

107 — DEUX PIÈCES en porcelaine de Hizen à décor bleu et
rouge : Tube décoré de feuilles et de fleurs. — Petit plateau
en forme de gourde, décor de Kakiyémon.

108 — PLAT en porcelaine de Hizen décoré de figures imitant deux
personnages européens en costume de cour et un soldat en
faction.

109 — BOITE en porcelaine de Hizen, à trois compartiments superposés, de forme circulaire.

110 — DEUX POTS CYLINDRIQUES, dont l'un à couvercle. Porcelaine de Hizen.

111 — GRAND CORNET en porcelaine entièrement laquée de brun,
à dessin de cannelures recouvertes de pivoines en léger relief.

GRÈS DE BIZEN

112 — AIGLE sur un rocher, dans une pose guetteuse. Pièce caractéristique et bien ancienne.

113 — VASE imitant un clissage de bambou, deux anses mascarons.

114 — BOUTEILLE en forme de gourde tachetée de jaune clair.

115 — BOUTEILLE en Bizen vert, à six pans, gravée d'un dessin de bambou et d'une poésie.

116 — DEUX BOUTEILLES en forme de gourdes; l'une avec anse formée d'une liane de courge.

117 — PORTE-BOUQUET d'applique formé d'un poisson en Bizen vert.

118 — ENFANT assis sur une tortue.
> *Cachets :* NIPPON. KIMOURA ZEÏZÔ.

119 — HIBOU posé sur une souche.

119 *bis* — DEUX PORTE-BOUQUETS d'applique : L'un, en forme de rognon décoré en relief d'une chimère et d'une pivoine. L'autre formé d'une pivoine fleurie.

120 — BRULE-PARFUMS formé d'un hibou.

121 — GRANDE JARDINIÈRE basse, formée d'une tortue fantastique accroupie. Socle bois sculpté.

122 — TROIS PIÈCES : Petit vase et deux petits pots.

123 à 126 — QUATRE PORTE-BOUQUETS d'applique représentant des dieux du bonheur et un autre personnage.

127 — STATUETTE de Daikokou accroupi sur des balles de riz et tenant le menton appuyé sur son maillet. Bizen vert.

128 — PERSONNAGE accroupi.

129 — FIGURE d'un seigneur endormi.
Cachet : TEISAÏ.

130 — PETITE BOITE formée d'un Hotei accroupi.
Signature : TADA *ou* TCHIOU.

131 — VASE entouré de trois jeunes garçons. Légende de Confucius enfant.
Signature : KIMOURA KIOTCHIKA.

132-134 — DEUX FIGURES de Foukourokoudjiou dont l'une en Bizen vert, et une petite statuette de Shôki.

135 — DEUX COMPTE-GOUTTES formés de petits personnages, dont l'un en Bizen vert.

136-137 — DEUX FIGURES de vieillards assis, l'un, sur un rocher et l'autre près d'une jarre.

138 — BRULE-PARFUMS formé d'une chaumière sur le toit de laquelle un coq est posé. Bizen vert.

139 — DEUX PIÈCES en Bizen vert. Un porte-bouquet, décoré en relief d'un dragon. — Coupe à anse imitant une étoffe nouée.

140 — VASE à anses, de forme balustre, imitant une vannerie.

141 — BRULE-PARFUMS rectangulaire surmonté d'une chimère.

Signature sous le couvercle : KIMOURA NOBOUTSHIKA.

142 — DEUX PORTE-BOUQUETS d'applique, l'un en forme de navet; l'autre en forme de conque.

143 — POT surbaissé, partiellement revêtu d'un émail gris. Très ancien spécimen de Bizen.

POTERIES

144 — PETITE COUPE trifoliée, en terre de Shidoro, émail brun.

145 — VASE ovoïde décoré d'un aigle en bas-relief que combat un guerrier posté au pied d'un pin. Le personnage et l'arbre sont exécutés en laque doré.

146 — STATUETTE de personnage accroupi; émail blanchâtre.

147 — FOURNEAU formé d'un Foukourokoudjiou. Terre de Rakou.

147 *bis* — DEUX PIÈCES. Jardinière formée d'une dorade, signée : Tozen. Porte-bouquet d'applique piriforme et bossué, avec un cachet.

148 — GROSSE POTICHE en vieux Satsuma. La partie supérieure de la panse est décorée d'une large arabesque silhouettant le corps d'un dragon et d'un oiseau de Hô. Bordure stylisée au-dessous.

149 — BOUILLOIRE ajourée de chrysanthèmes, décor de grecques, de lignes et de fleurettes en incrustations blanches dans un émail gris.

150 — BOUILLOIRE d'un décor analogue à la pièce précédente, mais incrusté de noir sur blanc.

151 — BOUILLOIRE en terre de Satsuma, décor fleuri de pivoines
et de chrysanthèmes en couleur et or.

152 — DEUX PIÈCES : Vase en Mishima, décoré de deux rangs de
palmettes et de cigognes volant parmi les nuages, col très
évasé. — Tube hexagonal émaillé de jaune et décoré de
divers personnages légendaires et d'un crapaud.

153 — BOITE A GATEAUX cylindrique en Awata, à décor fleuri,
genre Ninsei, trois compartiments superposés.

154 — BOITE A GATEAUX cylindrique à trois compartiments, en
Imado laqué et incrusté de burgau.

155 — DEUX PIÈCES : Boîte à gâteaux cylindrique, en Kioto, à
trois compartiments, entourée d'une anse, décor de paysage
en bleu sur blanc.
Signature : Tozan.

Boîte plate et carrée à angles abattus, décor de chrysanthèmes en gouttelettes d'émail blanc sur fond jaune rosé.

Inscription gravée : Naniwadjou, Hontsoughéyaki Sobei.
Osaka.

156 — POT COUVERT, hexagonal, inscriptions et paysages en brun
sur fond crème craquelé. Sous le couvercle et sous le fond,
la signature de Kenzan.

157 — POT COUVERT quadrangulaire, émail brun, décoré d'un
caractère répété dans un médaillon sur chaque face.

158 — VASE à décor du genre Mishima, couvert d'un grand nombre
de petites bordures en émail blanc incrusté dans le fond gris
verdâtre, trois rangs de perles suivant le profil du vase.

159 — VASE à long col, émaillé de blanc, deux petites anses.

160 — DEUX VASES genre Kinkozan, décorés d'arabesques en
émaux bleu et jaune sur biscuit brun.

161 — GRANDE JARRE ovoïde, émaillée de brun avec la partie
supérieure couverte d'émail blanc qui descend sur la panse
en multiples coulées.

162 — VASE en forme de tsutsumi, émail gris craquelé.

163 — GOURDE décorée sur émail fauve craquelé de deux médaillons
en réserves blanches avec peintures noires et d'une inscription en noir.

164 — ECRAN rectangulaire présentant, sur les deux faces, un
paysage en brun sur fond crémeux. Un encadrement et les
pieds en faïence brune imitent le bois d'une monture.
Cette pièce porte la signature absolument authentique
de KENZAN. Pièce rare et d'un puissant caractère.

165 — GRANDE COUPE ovale imitant une gourde ouverte dont la
tige est enroulée pour former une anse ; émaux crémeux et
bleuâtre, inscription à l'intérieur.
Signature : KOSAÏ.

166 — GRANDE COUPE en Koutani sur piédouche, à décor de
cigognes.
Cachet : FOUKOU.

167 — BOITE hexagonale, en terre d'Imado, décorée en gra-
vures de cimes de pins et, sur le couvercle, d'une cigogne
en blanc sur fond aubergine.
Signature : RIOZEN.

168 — BOITE cubique décorée de médaillons à sujets divers,
d'après des œuvres de Kôrin. Email gris.

169 — BOITE représentant la barque de fortune, la proue formée
par un dragon. Les sept dieux du bonheur festoient sur le
pont.
Signature : MASAKI.

170 — BOITE en forme rudimentaire d'oiseau, émail blanc et noir.

    Signature : SHOSOUI GOROSOUKÉ.

171 — GOURDE recouverte d'un émail brun, cannelures en hélices autour de la panse.

172 — TROIS PIÈCES : Petit tube hexagonal avec trois dragons en haut relief sur la panse, émail gris. — Petit brûle-parfums jaunâtre à couvercle surmonté d'une chimère. — Petit écran orné en haut relief d'un coq sous une branche de prunier.

173 — DEUX STATUETTES : Personnage laqué polychrome tenant un rouleau d'écriture, socle bois. — Bouddha accroupi, en biscuit brun.

    Signature : MASSAKITCHI.

174 — DEUX STATUETTES en émail gris. Danseur de Nô. — Un enfant traînant le sac de Hotei, *signé :* HOZAN.

175 — DEUX STATUETTES : Pèlerin, *signé :* TAMI KORÉO. — Musicienne. *Signée :* KOÉMON, *fabricant de poupées devant le temple de Tofoukoudji.*

176 — STATUETTE de Benten-sama jouant de la biwa.

177 — DEUX STATUETTES : Personnage assis, vêtement émaillé de brun irisé, les chairs en biscuit. — Foukourokoudjiou accroupi ; les vêtements émaillés, la tête en biscuit.

    Sous le personnage, inscription : « Une des cinq statuettes du vieillard Kô. »

178 — STATUETTE en terre de Kishiu. Foukourokoudjiou debout, émail aubergine.

    Marque : NANKI OTOKOYAMA.

179. — DEUX STATUETTES de Hotei accoudé sur son sac. Takatori.
Signature : Taka Djoukô.

180 — BUVEUR DE SAKÉ dansant à côté de sa jarre. Takatori.
Signature : Yéghen.

181 — DEUX STATUETTES : Dharma debout. Rakou de teinte sau-
monée. — Okamé, par Koémon.

182 — DEUX STATUETTES : Mêmes sujets et mêmes signatures
que le numéro précédent.

183 — GROUPE des sept philosophes chinois autour d'un vase, émail
verdâtre.

184 — BRULE-PARFUMS formé de deux jeunes chiens jouant. Terre
d'Imado.

185-186 — DEUX PIÈCES. Bœuf couché. — Blaireau assis, hurlant à
la lune.

187 — LAPIN en terre de Takatori.
Signature : Yéghen.

188 — AIGLE émaillé blanc, sur rocher brun.
Cachet : Tohakou.

189 — AIGLE posé sur rocher. Takatori.
Signature : Tehtsii.

190 — CRAPAUD émaillé de gris.

191 — SINGE accroupi.
Signature : Iwao.

192 — DEUX OISEAUX sur rochers : L'un, émaillé brun et bleu,
signé : Ghokouzan. L'autre, émail brun à deux tons.

193-194 — DEUX TORTUES marines, en émail brun, l'une d'elles porte son petit. Les deux ont le cachet : IVAO NAGAMI.

195 — GROUPE de deux jeunes chiens jouant.

196 — GRENOUILLE en terre de Séto.

197-198 — DEUX PIÈCES : Jeune chien émail gris et brun, le cou entouré d'un ruban émaillé bleu. — Tigre couché, émail brun.

199-200 — COUPE décorée de cigognes au vol. *Signature* : KENZAN, *cachet* SEï. Plateau carré, à marli élevé, décor de fleurs noires sur blanc. *Signature* : KENZAN.

201 — PLATEAU rectangulaire décoré d'un personnage accroupi devant une jardinière où pousse un lotus.
Signature : MYAKO.

202 — PLATEAU carré en terre d'Imado, décoré d'une tige de bambou bleu sur blanc crémeux.

203 — PLATEAU carré décoré d'un chrysanthème fleuri, par KENZAN. La signature est apposée au revers.

204 — PLATEAU rectangulaire décoré d'un semis serré de fleurs de prunier disposées en cercles concentriques.

205 — COUPE en Koutani décorée de trois oies au vol et d'une branche fleurie.
Marque : KOUTANI.

205 *bis* — MIDZUSASHI ovoïde, émaillé brun et vert et décoré de caractères largement gravés. Au-dessous se trouve écrit : *Tanka-ichi, Rakou Tchojiro :* sur l'épaulement : *Pot déposé dans la maisonnette de Muokian ;* au milieu : *Kinguioku mandô.*

206 — DEUX PETITES COUPES décorées de feuilles en noir et blanc sur fond gris. Au revers, la signature de KENZAN.

207 — DEUX PETITES COUPES rondes et plates, décor noir sur blanc. Au revers la signature : Rokoubei.

208 — DEUX PIÈCES : Brûle-parfums ovoïde à deux larges anses en forme de maillet de Daïkokou ; cachet Yé-o. — Pot à taches d'émail brun.

209 — POT couvert de forme surbaissée, décoré sur un fond saumoné d'oiseaux posés sur une branche de glycine fleurie.
Signature : Mokoubei.

210-211 — QUATRE PIÈCES : Deux porte-bouquet d'applique, petit vase et boîte en forme de bateau, *signée* : Kindjo Tozan.

212 — DEUX PETITES JARDINIÈRES : l'une, circulaire et basse décorée de chimères, émaillée de jaune, genre *Kôtchi*. L'autre carrée avec un décor d'oiseaux et de fleurs en bleu sur blanc.

213-214 — QUATRE PIÈCES : Théière en poterie de Yatsushiro. — Théière en forme de tortue marine. — Petite coupe supportée par trois enfants. — Petite coupe avec un chrysanthème gravé.

215 — DEUX PORTE-BOUQUETS d'applique en Kiôto, l'un en forme de tsutsumi, l'autre, en forme de cœur avec la signature : Morishi *ou* Kadoshi.

216 — DEUX PIÈCES : Ecran supporté par un dragon dans les flots, émail rosé. — Porte-bouquet d'applique représentant un chapeau de campagne.

217 — DEUX PETITS PLATEAUX : l'un, carré, décoré de feuillages ; l'autre rectangulaire. Tous deux portent la signature : Kenzan.

218 — DEUX PORTE-BOUQUETS : l'un, en Imado, imite une étoffe pliée à décor d'oiseaux stylisés. L'autre, en Owari, genre Shino, forme de champignon, est émaillé de gris.

219 — DEUX PIÈCES : Plateau carré muni d'une anse. — Boîte à
gâteaux à deux compartiments, en Kioto.

220 — COUPE en terre de Kioto, bord festonné, décoré en émaux
bleus et rouges, de fleurs largement exécutées dans le style
de Kenzan.
Cachet : Rakou.

221 — COUPE, en terre de Koutani, décorée de pendentifs rouges
et or.

222 — DEUX PIÈCES D'APPLIQUE, l'une imitant un sabre;
l'autre, un champignon.

223-224 — TROIS COUPES : l'une, en émail brun marbré blanc,
portant le cachet de Rosaï; l'autre, émail fauve, coulées
vertes, et la troisième émail rosé, formée d'une chimère
dressée sur quatre pieds.

225-226 — SIX PIÈCES : Deux porte-bouquets d'applique émaillés
de brun : Cigale. Crapaud. *signé :* Seïdjou *ou* Shitsoutoshi.
— Bouteille cylindrique en terre d'Awata. — Pot cylindrique en Satsuma brun. — Coupe craquelée. — Petit pot
émaillé de bleu turquoise.

227 — BRULE-PARFUMS cylindrique, genre Satsuma, décor rouge
et or, couvercle bronze argenté, ajouré et repoussé à motifs de chrysanthèmes.

228 — THÉIÈRE en forme de gourde inclinée.

229-230 — TROIS PORTE-BOUQUETS en formes de couvre-lance,
d'écran à main et de branche portant une cigale. Ce dernier
signé : Den.

DEUX BOITES : l'une, en *Rakou* représentant une petite
maison de campagne. L'autre, en forme de canard.

231 — SEPT PETITES COUPES plates en Satsuma.

232 — TROIS PETITS PLATEAUX de formes et de décors divers :
Koutani, Rakou et Soma, ce dernier portant la marque de
cette fabrication.

233 — UNE COUPE, mi-partie recouverte d'un émail truité, décorée
en émail vert et bleu de deux branches fleuries.

234 — TROIS PETITES PIÈCES : Awaji, Koutani et Owari.

235 — COUPE ÉVASÉE à bord lobé, émail vieux truité, presque
entièrement recouverte d'émaux de tons alternants vert et
blanc avec des accidents multiples de rouge et de bleu;
genre de Séto connu sous le nom d'*Ofouké*. Superbe pièce.

236-237 — QUATRE COUPES : Coquille d'awabi, émail brun.
— Feuille, émail bleu, par Riozen. — Forme hexagonale
sur piédouche, avec la signature Kenzan. — Forme quadrilobée à coulées d'émail vert sur fond gris craquelé.

238 — VASE balustre en terre de Kiôto.

239 — TROIS PORTE-BOUQUETS d'applique : l'un, imitant une
vannerie; l'autre, un navet; le troisième, un parapluie
fermé.

240 à 242 — QUATRE PIÈCES : Petit porte-bouquet d'applique en
forme de panier. — Petit vase à col évasé, émail brun foncé.
— Pot en Yatsushiro à panse étranglée, décor *Hakémé-
Mishima*. — Midzusashi à coulées d'émail brun verdâtre,
portant le *cachet :* Rikozan.

243 — DEUX PIÈCES : Tube à annelures transversales et petit vase
à coulées d'émail bleu clair sur fond bleu foncé.

244 — BONBONNIÈRE de forme sphérique aplatie en terre chinoise
connue sous le nom de *Boccaro*.

245 — DEUX POTS émaillés de brun deux tons avec des coulées
bleues.

246 — TUBE à annelures transversales, émail chiné bleu et blanc
sur brun. Owari.

247 — DEUX PIÈCES : Coupe en forme de bateau, *signée : Ki.*
— Plateau en forme de van, *signé :* Maïko.

248 — ONZE PORTE-BOUQUETS de formes et de fabrications
diverses, dont un avec une pieuvre en relief, *signature :*
Maïko. Un autre à tête en haut-relief, *signature :* Seikei.
Un autre, en forme de pousse de bambou, *signature :*
Dohatshi. Un autre, portant un cheval qui s'échappe
d'une gourde, *signature :* Maïko.

249 — DEUX PIÈCES : Pot émaillé bleu sur brun et cruche émail
brun à anse.

250 — BOUTEILLE de forme chinoise à petit goulot, émail brun
flammé de bleu et de blanc.

251 — DEUX PIÈCES à coulées d'émail brun sur fond blanc. Midzusashi *Yérakou.* — Pot sphérique muni de deux anses
contournées.

252 — MIDZUSASHI en Kioto, décoré sur fond gris, d'une branche
de prunier fleuri.

253 — VASE cylindro-ovoïde émail flammé bleu et crème.

254 — DEUX VASES allongés en Owari; l'un à coulées verdâtres et
l'autre avec des coulées brunes sur fond à reflets métalliques.

255 — DEUX BOUTEILLES : l'une, décorée d'une branche d'arbre
en émaux brun, vert et rouge, marquée *Inouyama;* l'autre,
à panse gravée avec le col couvert d'émail brun.

256 — TROIS VASES de formes et de fabrications différentes.

257 — DEUX GOURDES : l'une, entièrement recouverte d'éma
brun ; l'autre, laissant à demi paraître le biscuit sous de
traînées d'émail irrégulièrement entrelacées.

258 — DEUX MIDZUSASHI : L'un, orné de deux coulées d'émail
brun sur fond blanc. L'autre, recouvert d'émail flammé bleu
et blanc sur fond brun.
Le premier porte la signature : Seï ; le second est d'Akahada.

259 — DEUX BOUTEILLES, l'une, recouverte d'émail jaunâtre ;
l'autre, d'émail gris bleu. Cette dernière est percée au milieu
d'une ouverture où passe une cordelière.

260 — DEUX CRUCHES flammées d'émail crémeux sur fond brun.
L'une est signée : Kitokou à *Akahadayama*.

261-262 — HUIT PIÈCES de formes et de fabrications variées.

263 — POT de forme ovoïde recouvert d'émail vert clair aventuriné ;
le couvercle est surmonté d'un ornement trifolié.

264 — DEUX BOUTEILLES : L'une, émaillée de brun, à long col
conique orné de deux anses. L'autre, flammée blanc crémeux et bleuâtre sur fond brun.

265 — DEUX PETITS VASES : l'un, blanc crémeux en Satsuma
sphérique avec le col très évasé. L'autre cotelé, portant une
plante en émail brun sur fond crémeux.

266 — QUATRE BOUTEILLES émaillées brun et de fabrications
diverses.

267 — QUINZES PIÈCES diverses, dont :
Une théière, *signée* : Tanzan. Un petit vase Yatsushiro,
cachet : Ki. Un écran. *cachet* : Kinkozan. Une bouteille
Tamba, *signée* : Heï ou Taïra. Un vase de Nagato.

267 *bis* — PETIT VASE allongé, en terre chinoise dite de *Boccaro*.
gravé d'un rocher et d'une inscription.

268 à 3o5 — Une très importante collection de Tsha-iré.

BOLS

3o6 à 316 — Une belle collection de quatorze BOLS en *Rakou*.

317 — BOL évasé recouvert d'émail brun sablé.

318 — BOL genre Temmokou, émail flammé verdâtre.

319 — BOL campanulé, émail brun flammé verdâtre avec une bordure de clous en relief.

32o — BOL en porcelaine décoré d'un grand disque rouge sur lequel s'enlève une grue blanche.
Cachet : Yérakou.

321 — BOL en terre de Kioto, émail gris truité décoré en bleu et gris d'une branche de cerisier fleurie.
Signature : Ninsei.

322 — BOL genre Temmokou à couverte bronze.

323 — BOL de forme campanulée sur talon cylindrique, émail blanc craquelé, décor ornemental bleu sous couverte, style Coréen.
Au fond le caractère *Rokou* (richesse).

324 — BOL de Kioto, par Dohatshi, décoré de cristaux de neige en réserves blanches sur fond d'émail noir.
Signature : Ninami.

325 — BOL de la même provenance, par le même artiste et portant la même signature, mais décoré de la cime du Fouji.

326 — BOL émaillé brun chiné avec un décor de fleurettes.
Signature ; Yérakou.

327 — BOL couvert par Yérakou, fond rouge à décor de dragons et d'oiseaux de Hô en or, médaillons à l'intérieur en bleu sous couverte. Beau spécimen du genre appelé *Kinrandé*, qui valut à Zengoro, de la part de son prince, le cachet Yérakou sous lequel l'auteur de cette pièce est devenu célèbre.
Marque : L'artiste japonais Yérakou.

328 — BOL recouvert d'émail couleur thé avec de petites coulées blanchâtres.

329 — BOL en céladon gravé sous couverte de deux dragons au pourtour et à l'intérieur de deux poissons accolés.

330 — BOL recouvert d'émail rosé avec le dieu *Yébissu* pêchant un poisson.

331 — DEUX BOLS : l'un, genre Kinkozan, émaux bleus et ivoirins en relief sur biscuit brun. L'autre, cylindrique, blanc crémeux craquelé, décoré d'une vue du Fouji avec un bateau au premier plan.
Signature : Yérakou.

332 — DEUX BOLS : l'un, émaillé gris avec des bandes de barbotine. L'autre, fauve craquelé à coulées vertes.

333 — DEUX BOLS : l'un surbaissé, émail jaune rosé, décoré à l'intérieur d'une coiffure de guerrier avec deux flèches. L'autre, émaillé de blanc grisâtre.

334 — DEUX BOLS : l'un, conique avec un léger décor d'épis et de petits poissons sur fond crème, marque *Iwakoura*. L'autre, couvert d'un émail mi-partie blanc crémeux et blanc verdâtre.

335 — DEUX BOLS : l'un, petit avec un renflement dans la pâte,
émail brun. L'autre couvert d'émail blanc à coulée verte
décoré à l'intérieur d'une tête de chat en émail brun ; ce
bol est muni d'un couvercle imitant un chapeau de paysan.

336 — DEUX BOLS : l'un gris, décoré de chrysanthèmes et portant en dessous la *signature :* KENZAN. L'autre, blanc et
bleu, campanulé.

337 — DEUX BOLS : l'un, de forme irrégulière, émaillé de brun
chiné ; l'autre, par DOHATSHI avec des dessins ornementaux
en brun foncé. Au fond un caractère et en dessous la *signature :* SEÏ.

338 — QUATRE BOLS de formes et de fabrications différentes.

339 — DEUX BOLS : l'un, en terre d'*Oribé* recouverte d'émail noir.
L'autre, à couvercle, décoré d'une bande de fleurettes en
émaux polychromes.

340 — DEUX BOLS : l'un cylindrique à décor de plantes en émail
verdâtre sur fond blanc, portant au fond le caractère *Itshi-
niou*, et en dessous le *cachet :* KAHIN SHIRIOU. L'autre,
décoré de dessins ornementaux en noir sur blanc, au fond
le caractère : *Djou* et dessous le *cachet :* YÉRAKOU.

341 — DEUX BOLS l'un de forme plate, genre *Mishima*, l'autre de
Kioto, émail craquelé à marbrures vertes.

342 — DEUX BOLS l'un portant la cime du Fouji en légers reliefs
d'émail blanc sur fond brun, cachet : *Akahada* ; l'autre, en
Takatori, émail brun flammé avec le cachet : *Djou.*

343 — TROIS BOLS : Takatori émaillé de brun flammé — Kiséto
émaillé de jaune craquelé. Le troisième entièrement recouvert
d'émail aubergine avec deux légers reliefs sous émail, formés
l'un d'un caractère et l'autre d'une chauve-souris.

343 *bis* — BOL sur piédouche, décoré d'enfants au jeu. Pièce authentique de Ninsei.

344 — DEUX BOLS à décor de fleurs ou d'herbes, par Yérakou.

344 *bis* — DEUX PETITS BOLS : l'un de forme campanulée recouvert à sa partie supérieure d'une coulée d'émail blanc portant en laque rouge un décor d'arabesques ; cachet : *Ando*. L'autre en terre de *Igo* la face extérieure ornée d'un semis de pétales laqués, l'intérieur recouvert d'émail gris.

345 — TOUT PETIT BOL persan portant un léger décor bleu sur fond d'émail gris à reflets métalliques.

BOIS SCULPTÉS

346 — GRAND BOUDDHA en bois doré, debout sur le socle en forme
de lotus ; derrière lui, une gloire ajourée représentant des
flammes au milieu desquelles des figures ailées à pattes
d'oiseaux s'enlèvent en relief.
Hauteur : 1ᵐ48.

347-348 — DEUX STATUETTES DE BOUDDHA en bois doré.
debout sur la fleur de lotus.
Hauteurs : 0ᵐ78 et 0ᵐ81.

349 — BOUDDHA en bois doré, assis dans une pose méditative. Sa
belle tête régulière et d'une expression profonde et ses deux
mains se joignent dans un geste symbolique.

350 — STATUETTE BOUDDHIQUE en bois doré, à six bras et trois
têtes. accroupie sur un socle de feuilles de lotus.

351 — PETITE DIVINITÉ accroupie sur la feuille de lotus, gloire
circulaire en bois doré uni.

352 — LES DEUX RENARDS du dieu Inari. Bois doré.

353 — STATUETTE d'un saint personnage accroupi et les mains
jointes. Bois polychromé.

354 — GROUPE de deux figures féminines présentant toutes deux le
type d'Okamé. Les costumes sont d'un riche décor de laque.

355 — STATUETTE d'un poète. Pièce très ancienne.

356 — STATUETTE d'un personnage debout.

357 — STATUETTE représentant le pélerin Saïghio.

358 — DEUX PERSONNAGES bouddhiques.

359 — DIVINITÉ BOUDDHIQUE dans une attitude de prière. Bois
polychromé.

360 — ENFANT ACCROUPI, bois polychromé de Nara.

361 — DEUX DIVINITÉS BOUDDHIQUES debout, l'une sur le
sanglier, l'autre, sur le renard.

361 *bis* — SINGE tenant un masque.

MASQUES

362-426 — Une importante collection de MASQUES DE NO en bois
sculpté.

427 — DOUZE PETITS MASQUES grimaçants.

427 *bis* — TROIS PETITS MASQUES en bois sculpté : Okamé.
Diable. Personnage.

428 — GRAND MASQUE représentant une tête de vieillard; les
sourcils et la barbe en crin. Ce masque est surmonté d'une
coiffure laquée ornée d'un dragon et de nuages en légers reliefs de laque polychrome.

429 — TÊTE en bois sculpté et laqué, la face couverte d'une horrible
blessure.

430 — TÊTE en bois laqué représentant un aveugle au crâne rasé.

431 — DEUX MASQUES : l'un, en bois laqué représentant une
figure dont le front fendu laisse ruisseler le sang. L'autre, en
carton peint, représentant une affreuse face d'infirme.

432 — DEUX MASQUES grimaçants, l'un en bois naturel, l'autre en
bois laqué.

433 — DEUX GRANDS MASQUES d'applique : l'un, en bois, figure
d'Hotei. L'autre, en carton, figure d'Okamé.

434 — GRAND MASQUE BOUDDHIQUE en bois laqué et doré
représentant une figure de Bouddha Çakyamouni. Le laquage
de cette pièce, d'une qualité remarquable, donne absolument
l'illusion du métal.

435 — MASQUE BOUDDHIQUE en bois doré, le front surmonté
d'un diadème de métal.

436 — MASQUE BOUDDHIQUE en laque d'or de patine mate.

437 — MASQUE BOUDDHIQUE en bois peint avec diadème en
métal doré.

LAQUES

438 — ECRITOIRE carrée, les bords et les angles arrondis, fond
noir, décorée sur la face supérieure du couvercle de deux
cigognes, l'une en laque d'or, l'autre en incrustation d'étain.
A l'intérieur, des branches fleuries en laque d'or et incrustations de nacre et d'étain.

> *Signature sous la boîte :* HOKIO KÔRIN.

> Ferme et ancienne signature qui donne à ce très bel objet
un grand caractère d'authenticité.

439 — PETITE BOITE en laque d'or représentant un seigneur
accroupi.

440 — PETITE BOITE en forme de canard, le plumage entièrement
exécuté en incrustation de burgau.

441 — INRO en laque d'or mat incrusté sur une face de trois éventails
en nacre, sur l'autre de cliquettes servant à effrayer les
oiseaux dans les rizières.

442 — INRO à quatre cases, fond noir aventuriné, décoré en laque
d'or des méandres d'un ruisseau qui entraîne des fleurs de
« sakura » en incrustation d'argent.

443 — BOITE A PARFUMS à fond plat et couvercle bombé, en bois
naturel, ornée de deux fleurs de chrysanthème en laque blanc
formant bas-relief. La tige et les fleurs sont en laque vert
sombre.

> *Par* KOYETSU, *ou de son école.*

> Pièce provenant de la collection Burty (n° 25 du catalogue).

444 — BOITE A PARFUMS creusée dans une petite bûche triangulaire dont on a conservé l'aspect naturel. Le dessus est décoré de deux fleurs de chrysanthème en relief, modelées en pâte blanche. Intérieur laqué rouge. L'inscription qui se trouve au revers de la boîte explique qu'elle a été façonnée du bois d'un arbre sacré du temple de *Soné*, province de Harima, par un nommé Sиoкiоu.

Pièce provenant de la collection Burty (n° 53 du catalogue).

445 — PETITE BOITE ronde et plate en laque noir aventuriné, incrustée en nacre d'une branche de pivoines fleuries et d'un jeune chat qui poursuit un papillon.

446 — DEUX PETITES BOITES arrondies en laque noir. L'une décorée en laque d'or, de vagues stylisées sur lesquelles se détache un semis de roues de moulins à eau, plateau à l'intérieur. L'autre, plate, en forme de nœud d'étoffe, laque noir, semé de fleurs de cerisier en or.

Ces deux pièces proviennent de la collection Burty (n°° 23 et 27 du catalogue.

447 — DEUX PETITES BOITES : l'une, aplatie et rectangulaire à bords arrondis, décorée d'un semis de fleurs de cerisier sur fond de damier noir et or. L'autre, en bois naturel avec le couvercle orné d'un délicat décor de bambou et de fleurs de cerisier en laque d'or.

448 — DEUX PETITES BOITES : l'une rectangulaire, ornée d'un kaki en relief de laque sur fond aventuriné. L'autre, pentagonale, portant en laque d'or mat sur le couvercle, un camélia incrusté en nacre et un bol à thé en léger relief de laque.

449 — DEUX PETITES BOITES décorées, l'une d'un bœuf passant un gué; l'autre, d'un oiseau de Hô.

450 — DEUX PETITES BOITES : l'une, décorée en or de fleurs de cerisier. L'autre portant un oiseau perché sur une branche d'érable.

451 — DEUX PETITES BOITES rondes et plates en laque noir à
bords sertis d'étain, décorées, l'une d'une branche de prunier
fleuri en reliefs de laque et incrustations d'ivoire, corail et
nacre, l'autre, de fougères en laque d'or.

452 *a*. — DEUX PETITES BOITES rondes et plates à bords sertis
d'étain, décorées de fleurs et de feuilles; l'une sur fond
d'aventurine, l'autre sur fond d'or uni.

452 *b*. — DEUX PETITES BOITES rectangulaires, l'une à angles
rentrés, décorée d'un oiseau sur une branche d'érable;
l'autre, d'un délicat décor de bambous et de pruniers
fleuris.

452 *c*. — DEUX PETITES BOITES : l'une, en forme de cega;
l'autre, circulaire et plate, sertie d'étain, portant sur fond
de laque d'or uni un oisillon posé sur une branche de
bambou.

452 *d*. — DEUX PETITES BOITES : l'une, hexagonale et plate
décorée d'un semis de fleurs en laque d'or sur fond de
laque noir poudré d'or ; l'autre, en laque noir à incrustation de burgau représentant un pélerin qui contemple la
cime du Fouji.

NETSUKÉ

BOIS

453 — QUATRE NETSUKÉ : Personnages en bois laqué et peint.
Le personnage à cheveux rouges (Shojo) est de Ouji-Nara.

454 — QUATRE NETSUKÉ : Foukourokoudjou tenant un rouleau
(ébène). — Même sujet, tenant un écran, bois clair, signature :
SHIOUZAN de *Ouji-Nara*. — Le même, bois brun, tenant
une gourde. — Hotei sortant d'un sac.

455 — QUATRE NETSUKÉ en bois : Lotus contenant à l'intérieur
deux petits personnages attablés jouant au gô. — Personnage
émergeant d'une coquille marine. — Diable à demi-caché
dans une boîte. — Shôki tenant un bouclier.

456 — QUATRE NETSUKÉ : Homme accroupi se grattant le dos.
— Danseur. — Dormeuse, signature : TADAKOUNI. — Enfant
traînant un paquet.

457 — QUATRE NETSUKÉ : Femme et enfant à la tortue; les
vêtements sont laqués d'or. — Homme accroupi, bâillant. —
Personnage accroupi, figure joviale. — Voyageur appuyé sur
sa béquille.

458 — QUATRE NETSUKÉ : Personnage endormi sur un moulin
à prières. — Enfant gambadant. — Shôki. — Enfant tenant
un sac, signature : KIGHIOKOU.

459 — QUATRE NETSUKÉ : Dormeur. — Sculpteur de masque,
signature : GHIOK'KO. — Enfant cachant un masque derrière
son dos, signature SHINGHETTSU. — Prêtre frappant sur un
tambourin.

460 — QUATRE NETSUKÉ : Borgne, signature : Ghiok'Kei. —
Personnage sous le costume de la danse du lion, signature :
Haroukei. — Personnage endormi sur un tatami. — Deux
petits diables dans un baril signature : Minko.

461 — UN NETSUKÉ : Masque de vieillard, signature : Ninomaï Ta-
damoto.

462 — QUATRE NETSUKÉ. Masques : Okamé, signature : Shiouzan. — Okamé, bois clair. — Diable. — Figure d'homme.

463 — QUATRE NETSUKÉ. Masques : Okamé. — Petite figure de
femme. — Face humaine monstrueuse. — Figure de vieillard.

464 — QUATRE NETSUKÉ. Masques : Diable : signature : Déméouman. — Okamé, signature : Shiouzan. — Même sujet,
bois peint. — Figure d'homme, bois peint.

465 — QUATRE NETSUKÉ. Masques : Diable, signature Déméjoman.
— Figure d'Okamé, signature, Ghiok'Ko ou Tamamitsu. —
Visage de femme, signature : Shiouzan. — Figure d'homme,
signature : Déméouman.

466 — QUATRE NETSUKÉ. Masques : Diable, signature : Sôri ou
Mounésato. — Tête de chimère. — Okamé. — Tête de
renard, à mâchoire articulée, signature : Déméouman.

467 — QUATRE NETSUKÉ. Masques : Okamé. — Tête de chimère à
mâchoire articulée. — Diable, signature, Déméouman. —
Renard.

468 — QUATRE NETSUKÉ. Masques : Figure grimaçante, signature : Mitsuaki. — Visage contracté. — Okamé, signature,
Shiouzan. — Tout petit masque de vieillard.

469 — QUATRE NETSUKÉ. Masques. Deux figures d'hommes.
— Figure d'homme, signature : Déméjoman. — Deux figures,
bois peint.

470 — QUATRE NETSUKÉ. Masques : Visage de femme.— Personnage gras. — Figure d'homme. — Visage grimaçant, signature : Déméouman.

471 — QUATRE NETSUKÉ. Masques. : Singe. — Personnage à figure contractée, les yeux en cuivre, signature : Déméouman Tenkaïchi. — Okamé, signature Shigénori. — Figure de siffleur.

472 — TROIS NETSUKÉ. Masques : Tête de chien, signature : Mitsunobou. — Okamé. — Deux petits masques accolés.

473 — TROIS NETSUKÉ. Masques : Personnage aux yeux dorés, signature : Déméouman.— Okamé avec une boule sur la tête. — Figure grimaçante (ivoire), signature : Shoïchi ou Massakadzu.

474 — QUATRE NETSUKÉ. Masques d'Okamé d'expressions différentes.

475 — TROIS NETSUKÉ. Masques : Danseur, signature : Anrakou. — Figure de femme. — Okamé (os).

476 — QUATRE NETSUKÉ : Tigre, signature : Yarakou. — Loup et tortue.— Bœuf portant un enfant, signature : Tomotada. — Pieuvre, signature : Miwa.

477 — QUATRE NETSUKÉ : Guenon portant son petit. — Jeune chien. — Lapin. — Colimaçon, signature : Shoïchi ou Massakadzu.

478 — QUATRE NETSUKÉ : Loup et lapin, signature : Tomotada. — Tigre, signature : Kok'Kei. — Chien et carpe. — Singe.

479 — QUATRE NETSUKÉ : Canard mandarin, laqué. — Singe se grattant. — Loup rongeant un crâne, signature : Minko. — Chien couché sur tuile, signature : Ghiokouzan.

480 — QUATRE NETSUKÉ : Tigre, signature : Masanao. — Jeune chien rongeant le lien d'une sandale de paille, signature : Kok'kei. — Crapaud sur un seau, signature : Masanao. — Lapin, signature : Kok'kei.

481 — QUATRE NETSUKÉ : Tortue. — Bœuf couché. — Jeune chien sur une coquille d'Awabi. — Bouc.

482 — QUATRE NETSUKÉ : Tigre. — Serpent enroulé. — Singe jouant avec une tortue. — Souris sur le couvercle d'un seau, signature : TSHIUGHENDÔ HIDÉMASSA. Cachet : FUJIMOTO.

483 — QUATRE NETSUKÉ : Ours, signature : MINKO. — Blaireau lisant. — Singe habillé. — Lapin (ivoire).

484 — QUATRE NETSUKÉ : Tigre, signature : MINKO. — Singe. — Loup rongeant un crâne. — Bélier, signature : SHINGETSU.

485 — QUATRE NETSUKÉ : Blaireau, signature : TOMIN. — Lapin. — Jeune chien. — Sanglier, signature : TOYO.

486 — QUATRE NETSUKÉ : Singe tenant un kaki. — Tigre. — Chien couché, signature : TOMOÏSHI. — Loup et tortue, signature : TOMOTADA.

487 — QUATRE NETSUKÉ : Bouc. — Tigre, signature : RANSEN. — Singe. — Jeune chien, signature : MINKO.

488 — QUATRE NETSUKÉ : Kappa guettant une grenouille cachée sous un lotus. — Tigre, signature : MORIMITSU. — Jeune chien (ivoire). — Lapin (ivoire).

489 — QUATRE NETSUKÉ : Tigre, signature : ANRAKOU. — Lapin. — Campagnol. — Tengou sortant d'un œuf.

490 — QUATRE NETSUKÉ : Cerf au repos. — Tigre. — Kappa et crapaud. — Jeunes chiens.

491 — QUATRE NETSUKÉ : Loup tenant un crâne. — Deux crapauds sur un vieux seau, signature : MASSATADA. — Rat sur un fromage. — Tigre, signature : RANSEN.

492 — QUATRE NETSUKÉ : Blaireau costumé en personnage. — Jeune chien, signature : RAMMEI. — Guenon jouant avec son petit, signature : MITSUNOBOU. — Lapin (ivoire).

493 — QUATRE NETSUKÉ : Pieuvre. — Tigre, signature : MASSANOBOU. — Bœuf couché, signature : KANÉTOSHI. — Souris sortant d'un sac, signature : MASANAO.

494 — QUATRE NETSUKÉ : Chimère tenant une boule, signature : TAMÉSAKA. — Singe malade, signature : TOMONOBOU. — Lapin. — Deux tortues.

495 — QUATRE NETSUKÉ : Tigre, signature : MASANAO. — Blaireau, signature : MASANAO. — Deux singes jouant, signature : SHOÏCHI ou MASSAKADZU. — Kappa, lotus et grenouille.

496 — QUATRE NETSUKÉ : Lapin rongeant une branche. — Deux tortues. — Deux singes luttant. — Chien sur un fruit, signature : SEÏFO ou MASSATAKA.

497 — QUATRE NETSUKÉ : Blaireau, signature : MINKO. — Chimère tenant une boule, signature : MASSAYOSHI. — Tigre, signature : MASANAO. — Rat sur une balle de riz.

498 — QUATRE NETSUKÉ : Groupe de huit tortues, signature : ITCHIOU. — Chimère. — Chien assis. — Singes luttant.

499 — CINQ NETSUKÉ représentant des jouets d'enfants : Petit chat sur socle bois laqué. — Poisson laqué. — Chien monté sur petite boîte en laque, signature : HÔZEN. — Moineau, signature : RIOSO. — Hibou, signature : MINKO.

NETSUKÉ DIVERS

500 — QUATRE NETSUKÉ : Pièce de monnaie (bois). — Petite boîte en bois naturel, signature : MASSAMITSU. — Socle en ivoire avec diverses incrustations, signature : YOURENSAÏ. — Mufle de chimère (ivoire).

5o1 — QUATRE NETSUKÉ en faïence. Masque. — Cheval. — Hotei
appuyé sur son sac. — Daïkokou, cachet YÉRAKOU.

5o2 — TROIS NETSUKÉ : Renard en costume de bonze, signature :
KÉNYA. — Okamé debout, signature : KENYA. — Foukourokoudjiou (laque).

5o3 — SIX NETSUKÉ en porcelaine bleu et blanc. : Personnage
debout se tenant la barbe. — Hotei à l'écran. — Le sennin
Gama et son crapaud. — Enfant accroupi. — Danseur à
l'éventail. — Tengou sortant de son œuf, signature : NANKI
OTOKOYAMA.

5o4 — CINQ NETSUKÉ en porcelaine blanche. Quatre chimères.
— Un masque de diable.

5o5 — QUATRE NETSUKÉ en porcelaine : Cheval portant un singe.
— Souris sur un kaki. — Groupe de chiens. — Enfant sur
un bœuf, signé : SHOÏTCHI ou MASSAKADZU.

5o6 — NETSUKÉ formé d'un poisson en nacre massive.

5o7 — DEUX NETSUKÉ : L'un, en bois, portant encore des traces
de peinture, formé de deux personnages adossés l'un à
l'autre. L'autre, en bois laqué, représentant un enfant.

5o8 — NETSUKÉ en fer, représentant un masque de vieille femme.

5o9 — DEUX NETSUKÉ en fer. Masque de diables.

51o — NETSUKÉ en bronze. Masque de diable.

OBJETS DIVERS

511 — STATUETTE de personnage debout, la figure réjouie. Il tient une lanterne.

    Pâte moulée portant en dessous l'inscription : Koémon, *fabricant de poupées devant le temple de Tofoukoudji.*

512 — CHEVAL couché, en cristal de roche fumé, sur un socle en bois sculpté.

513 — TABATIÈRE en émail.

514 — SABRE de cérémonie à fourreau de bois naturel incrusté d'oiseau de Hô en nacre et recouvert en majeure partie de quatre manchons en cuivre doré ciselé d'arabesques en vif relief, avec des incrustations d'émaux turquoise dans de petites cuvettes saillantes. Le foutshi, le kashira et la garde sont d'un travail analogue, la poignée est en galuchat ; la lame, mince et fine, est en acier uni.

515 — GRAND PLAT en émail cloisonné, décoré de deux petits oiseaux posés sur une branche d'hortensia fleuri.

515 *bis* — DEUX FOUK'SA en satin bleu portant, en peinture à l'encre de Chine, l'un en sennin, l'autre un groupe de rats.

ESTAMPES

ISHIKAWA TOYOMASSA
1750

516 — ESTAMPE petit format, représentant des jeux d'enfants.

SOUZOUKI HARUNOBOU
1765

517 — Pêche avec des cormorans, la nuit.

518 — Jeune fille allant à la cueillette des iris.

519 — Dharma en barque aperçoit son reflet dans l'eau.
Une jeune fille est derrière lui.

520 — Jeune homme taillant des arbustes.

521 — Deux jeunes filles au bord de la mer.

522 — L'enlèvement.

523 — Jeune couple jouant avec un chat.

524 — DEUX ESTAMPES : Jeune bûcheronne et son enfant. — Cueillette des fleurs de lotus par deux jeunes filles en barque.

525 — Jeune fille sur le seuil de sa porte.

526 — TROIS ESTAMPES : Scènes d'intérieur.

526 *bis*. — SEPT ESTAMPES : Vues du lac Biwa.

ISODA KORIUSAI

1770

527 — Courtisane avec ses suivantes.

528 — Deux guesha.

529 — DEUX ESTAMPES : Jeune fille au moineau. — Jeune homme cueillant une branche fleurie pour sa compagne.

530 — CINQ ESTAMPES, sujets divers de personnages.

531 — Format kakemono : Jeune fille jouant avec un chat.

532 — DEUX ESTAMPES, format kakemono : Faisan. — Jeune couple.

OUTAGAWA TOYOHAROU

1765

533 — DEUX ESTAMPES : Scène guerrière. — Fête sur un canal.

534 — ESTAMPE grand format : Deux jeunes filles s'occupent à écrire des poésies, un jeune homme est debout près d'elles.

OUTAGAWA TOYOHIRO

1790

535 — Scène maternelle.

536 — TROIS ESTAMPES : Shôki et diablotin. — Diptyque : Jeunes femmes arrêtées près d'un norimono.

537 — TREIZE PETITES ESTAMPES. Sujets divers.

TORII KIYONAGA

1770

538 — Trois jeunes femmes et une fillette.

539 — Trois jeunes femmes à la promenade.

540 — Deux jeunes femmes et une fillette sous l'érable.

541 — Deux jeunes femmes suivies d'une servante.

542 — QUATRE ESTAMPES : Un acteur costumé en Shôki. — Jeunes femmes. — Même sujet. — Deux jeunes femmes format kakemono.

543 — QUATRE ESTAMPES petit format. Sujets divers.

544 — TRIPTYQUE : Fête sur l'eau.

545 — TRIPTYQUE : Jeunes femmes à la promenade.

546 — TRIPTYQUE : Débarquement.

547 — DIPTYQUE : Promenade nocturne.

OUTAGAWA TOYOKOUNI

1790

548 — Trois jeunes femmes houspillant un nègre.

549 — Légende de l'envoûtement.

550 — TROIS ESTAMPES : Les teinturières. Jeunes femmes à la proue d'un bateau. Groupe de jeunes femmes en barque.

551 — CINQ ESTAMPES : Trois jeunes femmes en promenade près des iris. — Jeune homme portant une jeune femme qui accroche une poésie aux branches d'un cerisier fleuri. — Même sujet d'un tirage différent. — Jeune femme et enfant qui porte une corbeille de coquillages. — Jeune homme portant une jeune fille qui tient un hagoïta (format kake-mono.)

552 — DOUZE ESTAMPES : Acteurs ou scènes de théâtres.

553 — TRIPTYQUE : La barque des dieux du bonheur, qui sont représentés par six jeunes femmes et un jeune homme. La proue du bateau, vue de face, représente un oiseau de Hô.

554 — TRIPTYQUE : Sujet analogue au précédent. Le bateau est vu de profil, la proue formée par un corbeau.

555 — COMPOSITION en quatre feuilles représentant un groupe qui goûte sur une terrasse.

556 — COMPOSITION en cinq feuilles : Le pont de Riogokou, nombreux promeneurs au premier plan.

557 — COMPOSITION en cinq feuilles : Cortège seigneurial représenté par des jeunes femmes. Au fond, le Fouji.

558 — DEUX ESTAMPES, fragments d'une composition. Débarquement.

55g — TRIPTYQUE : Neuf guesha, un jeune homme et un enfant
sur une terrasse en vue de la mer.

TOYOKOUNI II
1825

560 — CINQ ESTAMPES dont une encadrée : Paysages.

561 — SOIXANTE-DOUZE ESTAMPES : Acteurs.

562 — GRAND SOURIMONO ET SEPT ESTAMPES, paysages en
hauteur.

KATSUKAWA SHUNSHO
1770

563 — Groupe de cinq enfants jouant sous un torii.

564 — Shôki. Format kakemono, tirage en noir.

565 — QUATRE PETITES ESTAMPES : Paysages en tirage mono-
chrome.

566 — TRENTE-HUIT ESTAMPES : Jeunes femmes.

KATSUKAWA SHUNTSHO
1790

567 — CINQ ESTAMPES format kakemono. Jeunes femmes.

568 — DEUX ESTAMPES : La promenade. — Travaux d'intérieur.

569 — TROIS ESTAMPES : Jeunes femmes dans la campagne.

570 — CINQ ESTAMPES petit format. Occupations de femmes.

570 *bis* — Estampe sous cadre : Trois jeunes femmes.

571 — DIPTYQUE : Visite à l'exposition des fleurs.

572 — DIPTYQUE : Promeneuses au bord de la mer.

573 — TRIPTYQUE : Au jardin.

574 — TRIPTYQUE : Décoration de la maison.

575 — TRIPTYQUE : Au bord de la rivière.

576 — TRIPTYQUE : Dans la rue, l'enfant qui pleure.

577 — TRIPTYQUE : Groupe de promeneuses.

KATSUKAWA SHUNKO

578 — DEUX ESTAMPES : Jeune homme au faucon. — Femme
debout qui lit.

KATSUKAWA SHUNTEI
1800

579 — TRIPTYQUE : Vengeance exercée par deux jeunes filles sur
l'assassin de leur père.

KATSUKAWA SHUNZAN
1800

580 — HUIT ESTAMPES petit format représentant dans des médaillons circulaires les huit vues de Biwa.

KATSUKAWA SHUNSEN
1800

581 — TREIZE ESTAMPES en largeur : Paysages animés de personnages.

582 — SIX ESTAMPES dont une de grand format, à sujets de femmes.

KITAO SHIGHÉMASSA
1770

583 — DEUX ESTAMPES dont l'une, de format kakemono, représente Hotei, et l'autre Dharma.

KITAO MASSAYOSHI
1790

584 — Épisode de l'histoire des Ronins. Grand format.

KITAO MASSANOBOU
1800

585 — Deux femmes suivies d'une servante qui porte des paquets.

KOUBO SHUNMAN

1790

586 — TROIS ESTAMPES : Cueillette des iris. — Au bord du ruisseau. — La cérémonie du commencement d'un ouvrage par
un artisan.

587 — TROIS SOURIMONO : Papillons.

588 — TROIS SOURIMONO : Hibou, papillon, faisan.

SHINSAI

1800

589 — DEUX SOURIMONO : Personnages.

HOSOI YEISHI

1800

590 — SIX ESTAMPES format kakemono, à sujets de personnages.

591 — CINQ ESTAMPES format kakemono, à sujets de personnages.

592 — TROIS ESTAMPES : Occupations de femmes.

593 — TROIS ESTAMPES : Courtisanes.

594 — QUATRE ESTAMPES à sujets divers de personnages.

595 — TROIS ESTAMPES : Femmes et enfants. Harmonies en gris.

596 — TROIS ESTAMPES : Jeune homme avec des guesha et promenades de courtisanes.

597 — DEUX ESTAMPES petit format : Jeune homme et deux jeunes filles. Trois jeunes femmes.

598 — DIPTYQUE : Promenade au bord des rizières.

599 — DIPTYQUE : La maison de thé.

600 — TRIPTYQUE : Chasse aux papillons.

601 — TRIPTYQUE : Divertissement avec des guesha.

602 — TRIPTYQUE : Nombreux groupe de jeunes femmes dansant sous un grand parasol.

603 — TRIPTYQUE : Promenade sur un quai.

604 — TRIPTYQUE : Préparatifs de départ d'un jeune seigneur. Encadrée.

GOKIO

1810

605 — Courtisane en promenade.

TSHOKOSAI YEISHO

1810

606 — TROIS ESTAMPES : Courtisanes à la promenade. Trois jeunes femmes. Courtisane et guesha.

607 — DEUX ESTAMPES format kakemono. Jeunes femmes.

KITAGAWA OUTAMARO

1800

608 — Jeune couple.

609 — DEUX ESTAMPES : La couture. — Le feu d'artifice.

610 — DEUX ESTAMPES sur fond argent : Trois jeunes femmes.
Jeune fille au miroir.

611 — DEUX ESTAMPES : Derrière le store. — Courtisane et deux
suivantes.

612 — Jeune fille au miroir. Fond argent :

613 — La coiffure.

614 — DEUX ESTAMPES : Courtisane tenant le manteau d'un jeune
homme. — Partie de pêche.

615 — DEUX ESTAMPES : Jeune femme à l'écran. — Jeune couple.

616 — DEUX ESTAMPES : Jeune femme à la pipette (de la série des
enseignes de maisons de thé). — Jeune couple.

617 — DEUX ESTAMPES, scènes maternelles. Nourrice. — La gri-
mace dans le miroir.

618 — TROIS ESTAMPES, scènes maternelles. La boule. — Les
jeunes chiens. — Le jeu.

619 — CINQ ESTAMPES de la série des marionnettes.

620 — QUATRE ESTAMPES : Jeunes femmes.

621 — QUATRE ESTAMPES : Sujets divers du Yoshiwara.

622 — QUATRE ESTAMPES : Sujets divers du Yoshiwara.

623 — QUATRE ESTAMPES :   »   »

624 — QUATRE ESTAMPES :   »   »

625 — SIX ESTAMPES :   »   »

626 — QUATRE ESTAMPES :   »   »

627 — QUATRE ESTAMPES :   »   »

628 — SIX ESTAMPES :   »   »

629 — SEPT ESTAMPES : Jeunes femmes dont deux format kakemono.

630 — DEUX ESTAMPES : La toilette. — Jeune femme tenant un
vêtement dont la doublure est décorée de la tête de Dharma.
De la série des douze heures au Yoshiwara.

631 — DEUX ESTAMPES : Sur le pont. — Sous la moustiquaire.

632 — QUATRE ESTAMPES : Sujets divers en largeur.

633 — DIX ESTAMPES petit format, dont cinq représentent des
jardinières garnies de plantes et cinq des jeunes femmes à
leur toilette.

634 — COMPOSITION en cinq feuilles : Musiciennes.

635 — TRIPTYQUE : Partie de pêche.

636 — TRIPTYQUE : La chasse aux lucioles.

637 — DIPTYQUE : Les Teinturières.

638 — PETIT PARAVENT à six feuilles, portant six estampes à
sujets de femmes dont deux par YEISHI et quatre par OUTA-
MARO.

639 — VINGT-NEUF ESTAMPES, dont une encadrée : Sujets divers.

ÉLÈVES D'OUTAMARO

640 — SEPT ESTAMPES : Sujets divers, par Tsukimaro, Shikimaro, Kikoumaro et Bounro.

TSHOKI

1810

641 — Jeune couple fumant. Fond argent.

642 — DEUX ESTAMPES : Jeunes femmes.

643 — SEPT PETITES ESTAMPES médaillons : Tirage en noir et gris.

KATSUSHIKA HOKUSAI

1760-1849

644 — LES TRENTE-SIX VUES du Fouji : Série complète en quarante-quatre estampes.

645 — DIX-NEUF ESTAMPES des *Trente-six Vues*, dont deux encadrées.

646 — VINGT ESTAMPES de la série des cent Poésies.

647 — SIX ESTAMPES de la même série : (exemplaires en double).

648 — LES PONTS CÉLÈBRES : Série complète en onze estampes

649 — SEPT ESTAMPES de la série des *Ponts Célèbres*.

650 — DEUX ESTAMPES de la série des *Iles Liou-Kiou*.

651 — LES RONINS : Série complète en onze estampes.

652 — SEPT ESTAMPES de la série des *Cascades célèbres* (il ne manque qu'une estampe pour que la série soit complète.

653 — LES TROIS SUJETS POÉTIQUES : La Lune, la Fleur, la Neige. Série complète en trois estampes.

654 — ESTAMPE, grand format en hauteur de la série des *Poésies illustrées*. Poésie sur la lune, par l'ambassadeur japonais en Chine.

655 — DIX-NEUF ESTAMPES en largeur, dont deux encadrées : Paysages ou sujets divers.

656 — DEUX ESTAMPES encadrées : Carpe dans un remous. — Femme à la promenade.
  Signées : TAITO.

657 — LES CINQUANTE-TROIS STATIONS DU TOKAIDO : série complète en cinquante-six estampes. Petit format en hauteur.

658 — DEUX GRANDS SOURIMONO.

659 — TREIZE PETITES ESTAMPES ET SOURIMONO.

OUVOYA HOKKEI

1820

660 — NEUF SOURIMONO divers.

GAKUTEI

661 — DEUX SOURIMONO.

HOKOU-OUN

662 — SOURIMONO.

YANAGAWA SHIGHÉNOBOU
1825

663 — TROIS SOURIMONO.

KIYOMINÉ

664 — TROIS ESTAMPES : Femmes.

KIKOUGAWA YEIZAN
1830

665 — DIX-SEPT ESTAMPES réunies en fragment d'album, feuilles
isolées ou compositions.

666 — VINGT-DEUX ESTAMPES de sujets divers, dont trois format kakemono, trois format ordinaire et seize petit format.

667 — SOIXANTE-TREIZE ESTAMPES : Sujets de femmes.

ITSHIRIUSAI HIROSHIGHÉ
1830

668 — LES CINQUANTE-TROIS STATIONS DU TOKAIDO,
exemplaire complet en cinquante-sept estampes.

669 — DOUZE ESTAMPES de la série des cinquante-trois stations du Tokaïdo, dont une encadrée.

670 — QUATRE ESTAMPES du *Kiso Kaïdo*.

671 — ESTAMPE de la série des *Huit vues* du lac Biwa.

672 — CINQ ESTAMPES du *Kioto Meisho*.

673 — QUATORZE ESTAMPES du *Yédo Meisho*.

674 — NEUF ESTAMPES de la série des *Poissons*.

675 — TRENTE-HUIT ESTAMPES des *Cent vues de Yédo*, en hauteur.

676 — TROIS ESTAMPES des *Trente-six vues du Fouji*.

677 — DEUX ESTAMPES du *Shâkokou Meisho*.

678 — NEUF ESTAMPES du *Yedo Meisho*.

679 — DIX ESTAMPES du *Tokaïdo*, en hauteur.

680 — VINGT-QUATRE ESTAMPES des *Trente-six vues de Tokio*.

681 — VINGT-UNE ESTAMPES du *Tokaïdo*, petit format.

682 — DOUZE ESTAMPES : Sujets divers.

683 — ALBUM contenant la série des *Soixante vues célèbres*, en soixante-neuf planches par Hiroshighé et cent-dix estampes de Kounisada, acteurs.

684 — ALBUM contenant deux-cent-seize estampes, paysages et acteurs, par Hiroshighé et Kounisada.

685 — ALBUM contenant vingt-neuf estampes, paysages de Hiroshighé.

686 — DEUX ALBUMS contenant : l'un, vingt-six estampes de Hiroshighé, Kouniyoshi et Keisaï Yeisen. Et l'autre, dix-sept estampes de Hiroshighé.

HIROKAGHÉ

1840

687 —VINGT-DEUX ESTAMPES du *Yédo Meisho*.

688 — SEIZE TRIPTYQUES et dix petites vignettes, réunis en un album.

KEISAI YEISEN

1840

689 — TROIS ESTAMPES, du *Kisokaïdo*.
690 — TROIS ESTAMPES : Femmes.

KOUNIYOSHI

1825

691 — Le prêtre Nitshiren dans la neige.

692 — TROIS ESTAMPES : Sujets divers.

693 — SEPT ESTAMPES, format kakemono. Tours d'acrobate au sommet d'une échelle.

694 — CINQ ESTAMPES : Sujets divers.

KOUNISADA

1840

695 — TRENTE-DEUX ESTAMPES de sujets divers dont quatorze, de petit format, représentent des occupations de femmes.

KOUNINAO
1845

696 — TRIPTYQUE : Traversée de la rivière en norimono.
UN SOURIMONO.

KOUNIYASSOU

697 — TROIS ESTAMPES : Sujets divers.

YOSHIIKOU ou KWASETSU
1860

698 — DEUX ESTAMPES : Silhouettes.
TROIS ESTAMPES : Paysages.

YOSHIKOUNI
1840

699 — TREIZE ESTAMPES : Acteurs et scènes de théâtre.

HOKOUSHIU
1840

700 — DIX ESTAMPES : Acteurs et scènes de théâtre.

KOUNIHIRO
1840

701 — SIX ESTAMPES : Acteurs et scènes de théâtre.

SHIBATA ZÉSHIN

1840

702 — SEIZE SOURIMONO.

ARTISTES DIVERS

703 — CENT-SOIXANTE-SIX SOURIMONO de Kiôto.

704 — DEUX RECUEILS : l'un de *quarante-six* et l'autre de *vingt-quatre* sourimono.

705 — QUATRE-VINGT-ONZE ESTAMPES d'artistes différents.

LIVRES

706 — *Ko daï gwa hon*. Modèles de dessins anciens.
1 vol. in-16.

Education des enfants.
2 vol. in-16.

Quatre volumes divers in-16.

707 — *Yéhon yoshino goussa*. Roman illustré par SHIGHÉNOBOU.
2 vol. in-16. 1733.

Ishikawa Sukénobou gwahon. Dessins de SUKÉNOBOU.
1 vol. in-16. 1732

Yéfou sukéno kokoro. Poésies de la morale, par SUKÉNOBOU.
2 vol. in-16. 1739.

Scènes d'intérieur, par SUKÉNOBOU.
4 vol. in-16. 1732 et 1747.

708 — *Ippitsu gwa Yéhon*. Dessins en noir.
1 vol. petit in-12.

Tobayé oni no moto. Copies de dessins de TOBA SOJO.
1 vol. petit in-12. 1720.

Okio gwafou. Dessins de OKIO.
1 vol. petit in-12.

Gountsho gwayé. Dessins de Ittsho.
> 3 vol. petit in-12, 1779. 4 vol. de dessins en noir.

709 — *Sékiyen gwafou*. Dessins de Toriyama Sékiyen.
> 1 vol. in-8, 1773.

710 — *Un volume* illustré par Torii Kiyonaga, 1785.

711 — *Seiro nenjiu ghioji*. Annuaire du Yoshivara, par Outamaro.
> 2 vol. petit in-8, 1804.

712 — *Kiouro gwafou*. Dessins de Kiourô.
> 2 vol. in-8, 1800.

Ken kwai sumo dzuyé. Livre du jeu de *Ken*, illustré par Shokosaï.
> 1 vol. in-8, 1809.

Sôdjoun gwafou. Dessins de Sôdjoun.
> 3 vol. in-8, 1807.

713 — *Ghentaï gwafou*. Dessins de Ghentaï.
> 1 vol. in-8, 1804.

Foukei gwafou. Dessins de Sandjin.
> 1 vol. in-8, 1804.

Kinnaga gwafou. Dessins de Kinnaga.
> 1 vol. in-8, 1835.

Kwan gwa shi nan nihen. Modèles de dessins chinois, par Boun-Pô.
> 3 vol. in-8. Kioto, 1804.

714 — *Bounpô Mangwa*. Dessins de Bounpô.
> 1 vol. petit in-8, 1804.

Tsu shin Gwafou. Modèles de dessins, par Aïkawatei Minwa.
> 1 vol. in-8, 1820.

Meigwa Riushiu. Dessins, par Kouwasaka Ranasaï.
> 1 vol. in-8, 1848.

715 — *Ghen-ji nitsu nidji.* Roman illustré en couleurs, par Toyokouni.
  1 album, in-4, 1800.

Haï-yu sangaï Kio. Acteurs en fête, par Toyokouni.
  1 vol. in-16, 1800.

716 — *Wakan meï gwayen.* Dessins de l'école chinoise.
  5 vol. in-8, 1862.

Deux volumes du même ouvrage.

Tani Bountsho gwafou. Dessins de Bountsho.
  2 vol. in-8, 1863.

717 — *Keisaï Riakou gwashiki.* Dessins sommaires de Keisaï Kitao
  Massayoshi.
    1" série. 1 vol. in-8, 1800.

Keisaï Riakou gwashiki.
  2' série du même ouvrage.

Tshôdjiou Riakou gwashiki. Dessins rapides d'oiseaux et
  d'animaux du même auteur.
    1 vol. in-8, 1804.

Riakou gwashiki. Sujets analogues du même auteur.
  Deux exempl. en 1 vol. in-8, 1796.

Shô shokou gwakkio. Modèles de dessins pour les différents
  métiers.
    2 vol. in-8, 1796.

Deux exemplaires en double du tome I.

Keisaï Riakou gwashiki.
  1 petit vol. in-18, 1852.

718 — *Körin Hiakkoudzou.* Cent dessins de Körin.
  4 vol. in-8, 1816-1827.

Ogata Riou hiakkoudzou. Cent dessins de Körin.
  2 vol. grand in-8, 1880.

Kôrin mangwa. Dessins de KÔRIN.
    1 vol. in-12. Yédo, 1818.

Kôrin gwafou. Dessins de KÔRIN et de KENZAN.
    1 vol. in-8.

719 — *Oson gwafou*. Dessins de HOÏTSU.
    1 vol. grand in-8, 1817.

HOKUSAI

720 — *Mangwa*.
    14 vol. petit in-8. Yédo, 1843.

721 — *Vingt-sept volumes* dépareillés de la MANGWA.

722 — *Mangwa*.
    15 vol. Tirage moderne.

723 — *Hokusaï Mangwa*. Esquisses de HOKUSAÏ.
    Deux exempl. en 1 vol. in-8 en noir, 1843.

724 — *Fugaku hiakkei*. Les cent vues du Fouji.
    Deux exempl. en 3 vol. in-8, 1836 et 1843.
    Un exempl., édition de 1875.
    Un tome I", édition de 1843.
    Tome II et III, édition de 1875.

725 — *Santaï gwafou*. Les trois méthodes de dessin.
    Trois exempl. en 1 vol. in-8, 1817.

726 — *Hokusaï gwafou*. Dessins de Hokusaï.
    Deux exempl. en 3 vol. in-8, 1820 et 1853, et quatre volumes dépa-
    reillés du même ouvrage.

727 — *Shin Hinagata*. Dessins d'architecture.
    Trois exempl. en 1 vol. in-8, 1837.

728 — *Yéhon Toshisen.* Poésies.
    5 vol. in-8, 1837.

729 — *Yéhon Teïkin Oraï.* Manuel de correspondance.
    3 vol. in-8. Yédo, 1828.

730 — *Toto shokei Itshiran.* Vues des endroits célèbres de Yédo.
    2 vol. in-8, 1801.

731 — *Tshoyei dzuké.* Vues célèbres de Yédo.
    1 vol. in-8.

KATSUSHIKA TAITO

732 — *Ban shokou dzu ko.* Dessins pour l'industrie.
    4 vol. in-8, 1835.

733 — *Kwatsho gwaden.* Fleurs et oiseaux.
    Tome II de l'ouvrage en 2 vol. in-8, 1830.

734 — *Go jiusan tsuki.* Les cinquante-trois stations du Tokaïdo.
    Un exempl. en 2 vol. in-8, un autre en un seul volume et un autre en
    feuilles réunies en album, 1810.

735 — *Ippitsu gwafou.* Dessins d'un seul coup de pinceau.
    1 vol. in-8, 1823.

736 — *Ona Imagawa.* Exemples de vertus féminines.
    1 vol. in-8, 1830.

737 — *Dji shitsu gwafou.* Dessins faits avec des caractères d'écriture
    1 vol. in-18.

Méthode de dessin.
    6 vol. in-18.

738 — *Imayo sekkin Hinagata.* Modèles de peignes et de pipes.
    2 tomes de l'exempl. en 3 vol. in-18 en largeur, 1823.

739 — *Scènes humoristiques.*
: 1 album in-8.

740 — *Hokusaï dzushiki.* Modèles de dessins de Hokusaï.
: 1 vol. in-12 en largeur, 1889.

---

741 — *Ayabiki mangwa.* Dessins de KATSUSHIKA ISSAÏ.
: 2 vol. in-16, 1868.

Kwatsho saṅdzoni zou shiki. Dessins de fleurs, oiseaux et paysages, par le même auteur.
: 1 vol. in-16, 1850.

Saï gwa dzushiki. Modèles de dessins.
: 1 vol. in-16.

742 — *Yanagawa Gwajo.* Modèles de dessins par YANAGAWA SHIGHÉ-NOBOU.
: 1 vol. in-8.

743 — *Yéhon Fouji Bakama.* Scènes historiques par YANAGAWA SHIGHÉYAMA.
: 1 vol. in-8.

Hokkei mangwa. Dessins de Hokkei.
: 2 vol. in-8, réunis en un seul et 8 tomes dépareillés du même ouvrage.

744 — *Bokousen sôgwa.* Dessins de BOKOUSEN.
: 1 vol. in-8, 1816.

Le même ouvrage.
: Réimpression moderne.

Kiogwayen. Dessins de fantaisie par BOKOUSEN.

745 — *Poésies illustrées* de GAKUTEI.
: 1 vol. in-8, 1823.

Itshiro gwafou. Dessins de Itshiro (nom de pinceau de Gakutei).
> Deux exempl. de l'ouvrage en 1 vol. in-8. 1823.

Poésies illustrées. Quarante pages montées en album.

746 — *Sohitsu gwafou.* Dessins du pinceau volant, par Hiroshighé.
> Trois exempl. en 2 vol. in-16, 1854.

Un petit volume des vues célèbres de Yédo.
> In-16, du même artiste.

Ritsusaï Yakudzu. Dessins dans le style de Kôrin. Du même artiste.
> 1 vol. in-16, 1853.

Shôshokou gwatsu. Modèles de dessins pour l'industrie, par le même artiste.

747 — *Les trente-six vues du Foaji,* par le même artiste.
> 1 vol. in-8, 18.

Shokokou meisho. Vues de différents pays. Du même artiste.

Shokokou. Soixante-huit vues du Japon, tirage sur crépon, par le même artiste.

748 — *Keisaï S gwa.* Dessins cursifs de Keisaï.
> 5 vol. in-8, 1842 et 3 tomes dépareillés.

Gwafou nishiki no foukouro. Modèles de dessins pour l'industrie par le même artiste.
> 2 vol. in-8, 1829.

Keisaï oukiyo gwafou.
> Trois exempl. en 2 vol. in-8.

Shinji andon. Dessins divers, par le même artiste.
> 3 vol. in-8.

749 — *Ghedji-tsu hiden dʒuyé.* Manières de combattre, par KOUNIYOSHI.
    1 vol in-8°, 1846.

Fou dʒokkou ko ninoden. Les hommes célèbres du Japon.
    1 vol in-8°, du même artiste.

Shinji andon. Dessins du même artiste.

Kôto-hisenrin. Poésies sur le Yoshivara, illustrées par le même artiste.

Sei-tshiou guishiden. Les quarante-sept ronins.
    Deux exempl. de formats différents, par KOUNIYOSHI.

750 — *Trois Albums* contenant respectivement 90, 82 et 64 estampes d'acteurs et de scènes de théâtre, par KOUNISADA.

751 — *Trois Albums,* contenant chacun 50 estampes d'acteurs et de scènes de théâtre, par le même artiste.

752 — *Un Album,* contenant quarante-sept triptyques d'acteurs, par KOUNISADA.

753 — *Les Cinquante trois stations du Tokaïdo,* par KOUNISADA.

754 — *Cinq Albums* de couvertures illustrées en couleurs pour des romans, et un fragment d'album en couleurs, par KOUNISADA.

755 — *Shinji-andon.* Dessins de HO-ISHI SHINKO.
    4 vol. in-8°, 1829.

756 — *Vingt petits volumes* illustrés par divers artistes, et sept petites brochures modernes illustrées.

757 — *Treiʒe livres* illustrés par KIOSAÏ.

758 — *Yen-tshou-ro riusashi sashibana dʒuyé.* Manière de planter les fleurs.
    11 vol. petit in-4°.

Hana sachi sakura no ka. « Le parfum du cerisier », manières d'arranger les fleurs.

1 vol. petit in-4°.

Shoghetsudo hakkou bin. Les cent vases de SHOGHETSUDO.

Arrangements de fleurs.

3 vol. petit in-4°

Cinq volumes divers, mêmes sujets.

Les Cinquante-trois stations de Tokaïdo, arrangées dans des jardinières.

759 — *Assagawo.* Les liserons.

1 vol. in-8°, 1815.

760 — *Un recueil* de dessin d'ITTSHO. Édition moderne.

1 vol. in-8°.

Cinq volumes d'oiseaux. Éditions modernes.

761 — *Quinze livres de Poésies* illustrées en noir et en couleurs, par divers artistes.

762-763 — *Dix-huit livres* illustrés en noir et en couleurs. Sujets divers.

Plusieurs de ces livres sont d'éditions modernes.

PEINTURES ET DESSINS

764 — KAKEMONO représentant un coq perché sur une branche.
Signature : HANABOUSSA ITTSHO.

765 — KAKEMONO représentant un tigre.
Cachet : SOUKÉTSUNÉ.

766 — KAKEMONO représentant deux grues au bord d'un ruisseau.
Signature : TOYONOBOU.

767 — KAKEMONO. Deux oiseaux posés sur un bambou, auprès d'un
rocher.
Signature : KOYAMA IKKEI.

768 — DEUX KAKEMONO représentant l'un, un paysage brumeux,
l'autre une vue du Fouji, dominant des montagnes, avec
une étendue d'eau au premier plan, et un promontoire couvert de cryptomerias.

769 — DEUX KAKEMONO : Danseuse de Nô, *signature :* OUTAMARO.
Seigneur à cheval, accompagné de trois serviteurs. *Signature :* TOSA MITSUNOBOU.

770 — DEUX KAKEMONO : Bûcheronne montée sur son fagot pour
cueillir une branche de cerisier fleuri, *signature :* SHUNKO.
Deux guésha, *signature :* OUTAGAWA TOHOYAROU.

771 — KAKEMONO représentant les sept dieux du bonheur avec
leurs attributs et animaux familiers.

772 — PANNEAU peint, représentant une dame en riche costume
de promenade; avec une poésie par Hôsakou, « *à l'âge de
66 ans* ».

773 — PANNEAU représentant deux danseurs dans un cercle de
femmes et d'enfants.

774 — PETIT PANNEAU portant une feuille d'éventail où est peinte
une musicienne.

775 — DEUX DESSINS à l'encre de Chine représentant l'un une
femme debout, les cheveux dénoués, l'autre deux danseurs
de Nô.

776 — DEUX PEINTURES, représentant l'une un combat de coqs,
l'autre un couple de canards.

777 — PEINTURE sur soie représentant un paysage sous la pluie.
Signature : Hiroshighé.
Œuvre authentique du maître.

778 — CENT SOIXANTE-ONZE PEINTURES, DESS.NS et CRO-
QUIS, sur soie et sur papier, sujets des plus variés.

779 — SEIZE ÉVENTAILS peints ou gouachés.

780 — IMPORTANT LOT de croquis à l'encre de Chine, dont quel-
ques-une rehaussés de touches de couleurs.

781 — SEPT PEINTURES sur papier représentant des scènes guer-
rières.

782 — SEPT PEINTURES : Vagues écumantes, poule d'eau, paysages,
personnages, etc.

783 — MAKIYÉMONO : Combats burlesques.

784 — ALBUM composé, en peintures originales, des planches du
KORIN GWASHIKI.
Cette œuvre serait, d'après l'avis du propriétaire de la col-
lection, de la main même du maître.

785 — DEUX GRANDS ALBUMS contenant des réductions de para-
vents peints, au nombre de quinze dans l'un et vingt-deux
dans l'autre.

786 — ALBUM contenant quarante-neuf peintures sur soie, représentant des stations du Tokaïdo ou des vues du Fouji,
d'après HOKUSAÏ et HIROSHIGHÉ.

787 — SIX ALBUMS contenant des copies de peintures d'ITTSHÔ, de
KÔRIN, de TOBA SÔJÔ, etc.

788 — SEIZE ALBUMS ou cahiers de dessins divers à l'encre de
Chine ou en couleur.

789 — DEUX ALBUMS : Recueil des *Cent Oiseaux*. Croquis divers
à l'encre de Chine.

790 — Paysage : Un lac, vue prise du haut d'une colline, avec une
entrée de temple au premier plan.
Par HIROSHIGHÉ. Signature et cachet authentiques.

791 — SESSHOU attribué à). — Trois panneaux : Deux paysages de
style chinois. — Le héros Shoki ayant capturé un diablotin.

792 — SOGA JASOKOU. Dix panneaux dont quatre à personnages et
six à décor de paysages.

793 — Huit panneaux : Philosophes chinois (xvᵉ siècle).

794 — YOUSHO (KAÏYOKOU). Trois panneaux : Deux à personnages. —
Un oiseau sur un tronc d'arbre.

795 — YOUSHO (KAÏYOKOU). Douze panneaux : Personnages, paysages, oiseaux.

796 — MOTONOBOU (attribué à). Deux panneaux : Oiseaux et branches d'arbres en fleurs.

797 — WATANABÉ RIOKEI. Douze panneaux de paysages.

798 — ECOLE DE MOTONOBOU. Un panneau : Deux oies sauvages au bord d'un étang.

799 — Deux panneaux : Paysages de style chinois (xvie siècle).

800 — TANYU. Quatre panneaux : Oiseaux ou paysages.

801 — TANYU. Un panneau : Personnage.

802 — TANYU. Trois petits panneaux de paysages.

803 — TANYU. Un panneau : Le dieu Hotei.

804 — TSUNÉNOBOU. Douze très belles feuilles de paravent. Paysages et personnages.

805 — YASSENOBOU. Douze très belles feuilles de paravent. à décor d'oiseaux. L'une est signée HOGHEN HEISHIN. Les autres portent le cachet de l'artiste.

806 — YASSENOBOU. Deux panneaux en largeur : Hotei avec des enfants. — Aigle. Ce dernier porte le cachet de l'artiste.

807 — YASSENOBOU (attribué à). Six panneaux, dont quatre à décor d'oiseaux, et deux à personnages.

808 — Six panneaux attribués à YASSENOBOU, ITTSHO, etc. Paysages. oiseaux, fleurs.

809 — Trois panneaux : Un grand aigle par SOTAN. — Daïkokou. — Un paysage signé : MORIKAGHÉ.

810 — NAONOBOU. Poète chinois à dos de mulet.

811 — Trois panneaux : Faucons.

812 — Deux panneaux : Faucons sur perchoir.

813 — Six panneaux : Faucon sur perchoir.

814 — SHOYEI. Aigle blanc.

815 — HOGHEN YEISHIN. Grue.

816 — Onze panneaux : Faucons sur perchoirs.

817 — HANABOUSSA ITTSHO. Paysage.
SOAMI. Paysage.

818 — ÉPOQUE DE GHENROKOU. Deux panneaux. Fêtes dans la rue.
GHOKOU RAKOU. Deux pélerins.

819 — Deux panneaux : Aigle sur un rocher au bord de la mer. —
Un faucon sur perchoir.

820 — KANO MOUNÉNOBOU. Un aigle blanc sur son perchoir.
HANABOUSSA IKKEI. Une esquisse de bambous.

821 — Quatre panneaux de paravent : Jeux d'enfants chinois.

822 — TANNENSAÏ. Oiseaux. — Un héron.
TOGHEN. Un moineau.

823 — Trois panneaux : Scènes rustiques (fin du XVIIIᵉ siècle).

824 — TANSHINSAÏ. Oies.
RANSAÏ. Pigeon.
SAÏGHEN. Bambous.

825 — Deux panneaux : Tigre près d'un torrent. — Dragon dans les
nuages.

826 — Deux panneaux représentant chacun un philosophe chinois.

827 — Sékisoui. Aigle au bord de la mer. — Faucon chassant un héron.

828 — Deux panneaux : Un grand aigle. — Un faucon chassant un oiseau.

829. — Kanghiokou (?) Six panneaux représentant des singes dans la montagne.

830 — Tani Bountcho. Douze paysages.

831 — Ecole de Matahei. Six panneaux représentant des personnages.

832 — École de Matahei. Trois panneaux représentant des personnages.

833 — Tsoukioka Settei. Douze panneaux : Personnages dans la campagne pendant les différents mois.

834 — Deux panneaux : Jouets d'enfants et attributs. — Eléphant.

835 — Deux panneaux : Aigle sur un tronc d'arbre. — Faisan.

836 — Kaïsetsu. Un grand panneau : Paon sur un rocher fleuri de pivoines.

837 — Hokio Tonsouï saï Moritsune. Trois panneaux de paysages.

838 — Ounpo. Poissons.

839 — Hoïtsou. Branches de fleurs.

840 — Keïboun. Trois panneaux : Bourriche de fleurs. — Bambous. Martin-pêcheur.

841 — KIITSOU. Un panneau représentant deux femmes travaillant dans une rizière.

842 — KOUNIYOSHI. Deux panneaux : Vol de grues. — Benkei soulevant la cloche.

843 — BOUNDO (école de SIIJO). Poissons.

— KATSUNOBOU. Hirondelle au-dessus d'un champ.

844 — Un panneau : Coq, poule, poussins.

845 — YOKOKOU. HOGHEN. Poisson et feuillages de bambous.

846 — HOSHIOU (École de SIIJO). Pont passant sur un torrent.

847 — Six panneaux de personnages portant la signature de HOKUSAÏ.

848 — Huit panneaux divers.

849 — Huit panneaux variés : Paysages, oiseaux, personnages.

850 — Quatre panneaux de paysages et d'oiseaux.

851 — Six panneaux variés : Paysages, aigle, personnages.

852 — Cinq panneaux variés : Personnages, oiseaux, éléphant.

553 — Cinq panneaux de paysages, bambous, prunier.

854 — Cinq panneaux : Personnage, oiseaux, crabe, fleurs.

855 — Deux panneaux de paysages, par NOBOUMASSA.

856 — Cinq panneaux : Paysages, oiseaux, personnages.

857 — Cinq panneaux variés : Personnages, animaux, paysages.

858 — Trois panneaux de paysages.

859 — Quatre panneaux divers : Paysages, etc.

FIN